서북을 호령한 여성독립운동가

조신성

서북을 호령한
여성독립운동가

조신성

| **윤정란** 지음 |

최근 시대를 앞서 산 여성인물에 대한 조명이 활발하다. 그런데 아직도 19세기 말 이후 신문물을 받아들이면서 역사의 주류가 되고자 했던 여성인물의 삶은 여전히 어둠 속에 묻혀 있다. 인물 발굴 차원에서 생애를 간단하게 소개한 글들은 간혹 찾아볼 수 있으나 한국근대 여성사 속에서 여성 인물에 대한 위상과 그 영향력 등을 집중적으로 조명한 글을 찾아보는 것은 쉽지 않다. 이와 같은 상황에 비춰 볼 때, 이 책에서 다루는 조신성은 다른 여성 인물에 비해 상대적으로 좀 나은 편이다.

조신성의 일대기를 간략하게 나마 소개한 글이 6편 정도 있으며, 그의 생애를 체계적으로 연구한 논문도 2편 있다. 그의 생애를 처음 다룬 글은 1934년 《신가정》 4월호에 실린 〈조신성여사 약전〉과 〈조신성론〉이다. 〈조신성여사 약전〉은 《신가정》의 기자가 쓴 글로 조신성의 출생과정·동경유학·교육사업·직접적인 운동 참여 등 시대적 순서에 따라 삶을 정리한 후 1934년 당시 그의 근황과 민족운동가로서의 면모를 소개하고 있다. 〈조신성론〉은 동전東田 오기영吳基永이 쓴 것이다. 이 글은 그의 출생에서부터 1934년에 이르기까지 행적을 간단하게 소개하고 "공을 위해서 사를 돌보지 않는 지나친 결벽"을 가진 그의 삶을 밝히고 있어 일제 강점기 때 조신성의 위치가 어떠했는지를 엿볼 수 있다.

사망 후 조신성은 1956년 《여성계》에 〈애국여성 조신성 할머니〉라는 제목으로 최은희에 의해 소개되었다. 그가 서거한 지 얼마 되지 않은 시기였다. 그는 당시 여성운동가들에게 기억할 만한 인물로서 주목받는 듯했으나 이와 같은 분위기도 잠시, 이 글 이후로 조신성은 한국사회에서 잊혀진 인물이나 마찬가지였다.

다시 조신성에 대한 관심이 일기 시작한 것은 1990년대 들어서면서부터였다. 1990년 이덕주의 《한국교회 처음 여성들》에서 〈애국 할머니 조신성〉, 1994년 박석분·박은봉의 《인물여성사: 한국편》, 1998년 한국여성개발원의 《한국 역사 속의 여성인물》 등에서 그의 일대기를 다룬 바 있다. 이와 같은 글은 모두 조신성의 생애에 대한 간단한 서술과 그의 삶에 대한 평가를 중심으로 기술하고 있다.

이러한 글보다 좀 더 발전된 글이 다음 두 편이 연구 논문이다. 1995년 박용옥의 〈조신성의 민족운동과 의열활동〉과 1996년 신영숙의 〈일제시기 여성운동가의 삶과 그 특성연구 – 조신성과 허정숙을 중심으로〉이다. 박용옥의 논문에서는 조신성을 '한국 근대 여성사의 가장 대표적인 인물'로 규정하고 있고 그가 봉건적인 여성관이 지배적이던 시대에 어떤 동기와 배경으로 민족운동가로서, 또한 여성운동가로서의 삶을 살아가게 되었는지를 밝히고 일제 강점기 그의 활동을 세 시기로 구분하여 살피면서 한국 근대 여성사에서 그가 점하는 위치를 규명하고 있다.

신영숙의 논문에서는 1919년 3·1운동 이후 여성운동의 양대 흐름이 민족주의 여성운동 세력과 사회주의 여성운동 세력의 중심이었던 조신성과 허정숙이 여성운동가로서 주체적인 삶을 살게 된 성장 배경을 비교·분석한 후에 이들의 이념과 활동양상 등에 대해 자세히 밝히고 있다. 이 두 편의 논문은 그동안 조신성의 생애에 대해 나열적으로 소개했던 글과는 달리, 그들이 민족운동과 여성운동이 강하게 요구되었던 시대적 상황 속에서 어떤 동기로 이러한 운동에 참여하게 되었는지를 밝힘으로써 당시 여성운동가의 개인적인 생활배경과 사회운동 참여동기, 목표 등을 밝히고 있어 한국 근대 여성사의 구체적인 양상을 드러내는 데 중요한 역할을 하고 있다.

그러나 여전히 조신성이 민족운동가, 여성운동가로서의 삶을 살게 된 동기 및 배경, 구체적인 활동양상, 해방 이후 그의 삶에 대한 행적 등은 전혀 밝혀지지 않았다. 이전의 나열적인 서술에서는 일보 전진했지만 조신성이 출생했던 평안북도 의주의 시대적인 상황 및 여성운동의 양상, 한평생 그의 운동 거점이었던 평양 여성운동계에서 조신성의 위상 등이 보다 더 구체적으로 밝혀져야 한다. 그리고 이러한 배경하에서 그가 개인적으로 전개했던 교육운동, 항일무장투쟁, 근우회운동 등과 한국 근대 여성운동의 관계 등이 더 밝혀져야 한다. 마지막으로 그가 해방 이후 평양을 떠날 수밖에 없었던 월남 동기와 남한에서의 그의 행적도 모두 살펴보아야 할 내용이다.

일제 강점기 민족운동, 여성운동사에서 그 중심에 서 있었던 조신성의 생애를 총체적으로 기술하는 것은 아직까지 밝혀져 있지 않은 구체적인 역사적 사실의 발굴과 선입관에 의해 재단되었던 한국 근대 여성 인물들의 민족운동·여성운동 참여 동기와 이후에 여성운동사에 끼친 영향 등을 바라볼 수 있는 계기가 될 것이다.

2009년 11월

윤 정 란

차례

19세기 말 평안북도 의주

축복받지 못한 출생

1874년 10월 3일, 평안북도 의주에서 약 60리 떨어진 작은 마을, 비현역 근처. 떠들썩한 웃음소리와 풍악이 어우러진 날이었다. 한눈에 보기에도 꽤나 세도가 있을 법한 집에서 벌어지는 잔치였다. 잔치는 이미 초장을 지나 한창 무르익고 있었다. 그런데 갑자기 우렁찬 아이의 고고지성呱呱之聲이 흥겨운 분위기를 일순간 멈추게 했다. 그러자 집안의 어른으로 보이는 한 노인이 울음소리가 나는 안방으로 뛰어 들어갔다. 모인 사람들은 일제히 그곳을 주시했다. 기쁨에 들떠 있던 노인의 얼굴이 금세 시무룩해지더니 일그러졌다. 이어 노인은 대성통곡을 하기 시작했다. 모여있던 사람들은 당황해서 어쩔 줄 몰라 우왕좌왕하고 있는 차에 노인은 집 안 세간을 모두 부수면서 이들을 내쫓았다. 흥겹던 잔치 분위기는 어느새 사라지고 집 안은 아수라장이 되었다. 그래도 노인은 분이 덜 풀렸는지 계속 씩씩댔다.

노인을 이렇게 만든 것은 이제 세상을 향해 첫 울음을 내지른 손녀, 조신성 때문이었다. 그때까지 분을 삭이지 못해 씩씩대던 사람은 그의 할아버지였는데, 그가 간절히 원했던 것은 손녀가 아닌 자신의 제사를 지내 줄 후계자로서의 손자였기 때문이다. 이러한 난장판에서 멋모르고 조신성은 태어났다.

조신성이 태어난 1874년은 조선왕조가 새로운 문물을 받아들이기 위해 이제 막 기지개를 펼 때였다. 1864년 철종의 뒤를 이어 12세에 즉위한 고종을 대신해 아버지 흥선대원군이 섭정으로 1873년까지 조선을 통치했다. 흥선대원군은 "백성들에게 해를 끼치는 자라면 공자가 살아오더라도 용서하지 않겠으며 주자가 살아오더라도 용서하지 않겠다"며 개혁의 기치를 내걸었다. 백성들은 흥선대원군의 개혁정책에 환호를 보냈다. 그러나 개혁은 수구와 폐쇄로 내달아 결국 1873년 유림의 거두였던 최익현의 상소로 흥선대원군의 개혁정책은 무너지고 말았다. 흥선대원군이 정계에서 물러난 1874년은 조선이 새로운 세계를 향해 문을 열기 직전이었다.

고종은 새로운 개혁정책을 꿈꾸었다. 그동안 조선은 청나라라는 창을 통해 서양을 바라보았다. 즉, 청나라라는 그물을 통해 한 번 걸러진 서양을 인식했던 것이다. 그러나 당시 조선의 위정자나 지식인들은 서양 정세에 대해 어느 정도 식견을 가지고 있었다. 이들은 19세기 중엽에 간행된 《해국도지海國圖志》나 《영환지략瀛環志略》을 통해 서양에 대한 정보를

읽고 있었다. 이러한 정보를 통해 기존의 질서를 부정하고 새로운 세상을 원하는 세력이 형성되었다. 하지만 1864년 고종이 철종의 뒤를 이어 왕위에 즉위하자 이들은 잠시 숨을 죽여야 했다. 흥선대원군이 섭정을 하면서 서양과 통하는 길은 오직 청나라 북경뿐이었다. 그러나 틈새를 비집고 들어오는 세계화의 물결은 아무리 막으려 해도 막을 수 없었다.

조선이 이처럼 변하려 하던 때 조신성은 태어났다. 개화의 물결이 가속도를 더해 가며 들어왔지만 여전히 기존의 질서를 따르는 사람들이 더 많았다. 조신성의 할아버지도 바로 이러한 부류에 속하는 인물이었다. 1874년 당시만 해도 여전히 유교가 조선의 정치·경제·사회·문화·윤리 등 모든 측면을 관통하며 지배하고 있었다. 여성의 삶도 이러한 유교 이념에 의해 통제되었다. 유교적 여성관의 두 축은 남녀유별관과 열녀관이어서 여성들은 오로지 가정을 지키기만 할 뿐 국정이나 사회생활에 참여할 수 없었고 한 번 혼인한 여성은 두 번 다시 혼인하지 못하도록 강제로 규제하고 있었다.

사실 개국 초만 해도 여성의 존재는 유교적 여성관에 그다지 얽매이지 않았으나 사림세력이 정계로 진출하면서 여성의 지위가 하락하기 시작했다. 예학과 명분, 정통론에 대한 지나친 관심으로 국가나 사회의 기본질서가 아버지, 남편, 아들로 이어지는 수직관계로 재편성된 것이다. 선조 이전에는 재산상속과 제사봉사에서 여성의 권한이 어느 정도 인정되었으나 이후에는 그 권한마저 박탈당했다. 우선 자녀들에게 똑같이 나눠 주던 재산상속에서 획기적인 변화가 일어났다. 사위나 외손이 처가와 외가의 재산분배 과정에서 배제된 것이다. 그렇게 되자 굳이 처가

또는 외가를 따라 거주할 필요가 없어졌고 도처에는 부계 친족 중심의 동족부락이 생겨났다. 그리고 많은 재산이 적장자에게 상속되면서 각 가문의 종가 또는 지파의 종손이 몇 세대를 계승하는 동안 만석꾼, 천석꾼 등의 대지주가 나오기 시작했으며 이러한 경제력을 기반으로 거대한 문중이 등장했다.

적장자 중심의 가계 계승은 고대부터 내려오던 아들 선호 의식을 더욱 부채질했다. 우리나라에서 아들을 기원하는 풍속은 고대부터 있었지만 조선 중기 이후 보편적인 현상이 되었다. 또한 아들을 낳으면 여성도 시집에서의 위치가 확고해졌기 때문에 온갖 민간요법이 유행했다. 이런 시대 상황 아래에서 조신성의 할아버지도 여느 집안과 마찬가지로 아들을 원했다.

조신성의 할아버지가 손자이기를 더욱더 바랐던 것은 아들이 가출하여 가장의 역할을 제대로 하지 않았기 때문이다. 그의 아버지가 집을 떠난 것은 조신성이 어머니 한씨의 뱃속에서 잉태된 지 석 달이 지났을 때였다. 1934년 《신가정》에 실린 〈조신성여사 약전〉에 따르면, 그의 아버지는 금강산에서 지냈다고 한다. 조신성이 아버지를 처음 만난 것은 그의 나이 24세 되던 해였다. 아버지의 존재를 잊은 채 혈혈단신으로 이화학당에 다닐 때 아버지가 갑자기 나타난 것이다. 그러나 그의 아버지는 서울에서 살기 싫어해 다시 금강산으로 떠나 버렸다고 한다. 그의 아버지가 이처럼 집을 떠나 가정을 돌보지 않았던 것은 삶의 희망을 발견하기 어려웠을 시대적인 상황과 평안북도 의주 출신이라는 점이 영향을 미쳤을 것이다.

경복궁 준명당에 고종과 대신들

1874년 조정은 최익현의 상소로 10년간 집권했던 흥선대원군이 물러나고 고종의 친정체제에 들어가면서 개화의 바람이 일 것 같았으나 사회 분위기는 여전히 폐쇄적이었다.

서북지역 사람들은 여전히 정계 진출에 차별을 받고 있었다. 에드워드 와그너Edward Wagner의 연구에 따르면 조선시대 과거합격자 14,000명 중 서북지방 출신은 1,350명이며, 이 가운데 평안도 사람이 80퍼센트이고, 함경도 사람이 20퍼센트였다고 한다. 평안도 출신 합격자가 1,000명 가까이 되는 셈이다. 이것은 당시의 상황으로 보아 결코 적은 수라고 할 수 없다. 더욱 놀랄 만한 것은 선비가 많다고 자랑하는 경상도보다 평안도 출신 과거합격자가 많았다는 사실이다. 그러나 평안도 사람들은 이처럼 많은 수가 과거에 합격하고도 중앙 정계에서 추천해 주는 사람이 없었기 때문에 벼슬을 할 수 없었다. 특히 조선 후기의 세도정치하에서는 관직으로 진출하는 것이 거의 불가능했다.

문벌로 전주 이씨·안동 김씨·풍양 조씨, 그리고 지역적으로 서울 사람·경기도 사람·충청도 사람이 벼슬을 독점했기 때문에 관직에 나갈 수 없었다. 그리하여 관서지방의 독서계급은 과거에 합격하고도 벼슬을 할 수 없어 중앙정부나 집권층에 대해 불만을 가졌다. 순조 11년 홍경래의 난이 일어났을 때, 일부 선비들이 가담했던 것은 중앙정부에 대한 비판적인 태도와 관계가 있다.

이러한 분위기 속에서 조신성의 아버지는 정계 진출에 대한 희망을 가질 수 없었을 것이다. 1934년 《신가정》 기자가 조사한 바에 따르면 조신성의 집안은 당지에서 명망 있는 선비 집안이며, 재산도 상당히 있었다고 한다. 조선시대에 벼슬을 하게 되면 사대부가 되고 과거에 합격하고도 벼슬을 하지 못하면 지방의 토반이 된다. 아버지 조씨는 이러한 이유로 정치에 뜻을 두지 않았던 것으로 보인다.

그의 아버지는 이러한 폐쇄적인 정치, 사회적 분위기 때문에 가장의 역할을 하지 못하고 가출했다. 조신성의 할아버지는 아들이 집안에서 가장의 역할을 하지 못하고 떠돌아다니는 것이 못마땅했을 것이고, 아예 포기한 상태였다고 볼 수 있다. 그랬기 때문에 그는 더욱더 손자를 기다렸다. 그래서 그의 분노는 너무나 컸다.

이러한 분노도 잠시, 아버지의 가출로 인해 우울했던 집안 분위기는 조신성으로 인해 밝아졌다. 그러나 그동안 어머니 한씨의 괴로움은 컸다. 비록 혼인한 날 이후 몇 달 같이 사는 동안 그는 남편 조씨에게 많이 의존했으리라. 그런데 여성으로서 임신 중에 남편이 집을 나가 버렸다는 것은 큰 충격이었으며, 시집 식구들에게도 당당하지 못했을 것이다. 또한 조신성이 처음 태어났을 때 어머니 한씨도 조선시대 여성이었으므로 자신의 죄가 아님에도 불구하고 딸을 낳았다는 죄책감에서 벗어나지 못했다. 그리하여 한동안 어머니 한씨는 좌불안석이었다. 그러나 점차 시아버지의 분노가 사라져 감에 따라 조신성은 무남독녀로서 온 집안의 사랑을 독차지하며 성장했다.

출생 당시의 의주

조신성이 성장한 평안북도 의주 비현면은 1930년 당시 총 11개 동이 있었다. 이중에서 조신성이 성장한 지역으로 추정되는 곳은 광상동 혹은 당우동이다. 조씨의 집성촌이 있는 곳이 의주뿐 아니라 비현면에서도 이 지역밖에 없었다. 이로 추정하건대 조신성의 집안은 한양 조씨일 가능성이 높다. 언제부터 이곳에 집성촌을 형성했는지는 알 수 없지만 헌종 15년(1849) 부윤 이유원과 진사 김응수의 제청으로 증보된 읍지 《용만지龍灣地》에 따르면 의주에서 집성촌을 이루었던 조씨는 충주 조씨와 임천 조씨이다. 한양 조씨는 아마 이후에 이곳으로 이주한 것으로 보인다.

평안북도 의주는 압록강 하류에 있으며, 동쪽은 삭주군, 서쪽은 신의주시·용천군, 남쪽은 구성군·선천군·철산군, 북쪽은 압록강을 경계로 만주 안동현·관전현과 인접해 있다. 의주군 면적의 절반 이상이 구릉과

산악지대를 이루고 있다.

조신성을 기독교로 이끈 배위량

의주군민들은 과거 신라, 고려, 조선 등의 백성이었지만 나라의 혜택을 제대로 받지 못하여 자력으로 여진족, 거란족 등과 싸우며 자신의 땅을 지켜냈다. 위치상 중국과의 사이에 알력이 생길 때마다 가장 먼저 피해를 입는 곳이었다. 이러한 역사적 배경이 있는 지역이어서인지 개인, 가문보다는 공동체적 의식이 더 앞섰다. 그래서 청천강 이남 지역보다 비교적 남녀차별 존비, 적서차별, 빈부차별 등이 적었다.

1897년 평안북도 지방을 7주 동안 답사한 적이 있는 내한 선교사 배위량裵緯良(W. M. Baird)은 북쪽 사람들을 보고는 다음과 같이 말했다.

> 북쪽 지방 사람들은 남쪽 지방 사람들보다 더 사람다워 보였다. 그 이유를 살펴보니 소위 양반계급이라는 것이 뚜렷하게 존재하지 않기 때문임을 알게 되었다. 남쪽 지방에는 자립적인 중산층이 위세당당한 양반과 허리를 굽히고 아첨만 하는 농노 틈에서 어쩔 줄 몰라 짓눌리기 일쑤였다. 그러나 북쪽지방은 자립적인 중산층이 우세하기 때문에 희망에 넘쳐 있다. 자립적인 중산층은 자기들의 생계를 직접 꾸려 나가야 했기 때문에 보다 더 많은 육체와 두뇌를 쓰고 있다. 북한에는 양반이라고 부르는 계급이 존재하지 않음을 보았다.

그리고 의주인들은 외부의 침략자와 맹수 때문에 항상 무기를 소중한 생활도구로 삼았다. 기생의 모습도 군복 치마로 묘사될 정도로 일상생활 전체가 무를 숭상하는 분위기였다. 조선 영조 때 문객 신광수는 〈관서악부關西樂府〉에 '수놓은 군복에 화살통을 멘 기생들이 취주악에 보조를 맞추어 말을 타고 입성하네'라는 시를 싣고 이 지역이 중요한 국방요새여서 의주 기생들이 말을 타고 달리는 재주가 있다고 말했다. 그는 기생들의 말달리기가 얼마나 대단한지에 대해 다음과 같이 자세하게 묘사했다.

> 백일원이라는 마술조련장은 동쪽 강기슭 평야인데 복판에 백보가량 넓이로 판 긴 웅덩이가 가로놓여 있다. 군복차림의 기생들이 말 한 필씩을 끌고 열을 지어 서 있었다. 그 말치레도 대단하다. 주라 소리가 나고 세 차례 북소리가 나자 기생들은 일시에 말 위에 올라 고삐를 잡고 전진 태세를 갖춘다. 신호가 떨어지자 일제히 앞을 향해 비호같이 달려가다가 웅덩이에 빠진다. 그러나 한 사람도 실수 없이 건너간다. 그중 경옥이라는 기생은 양손에 검을 하나씩 들고 마상에서 칼 부리는 시늉까지 하면서 제비 날 듯하다. 정말 기관奇觀이었다.

또한 의주는 조선시대 중국과 교류를 할 수 있는 유일한 통로 중 한 곳이었다. 개항 이후 철도가 부설되기 이전 한국의 도로는 당나귀를 타고 다닐 수 있거나 도보 위주로 만들어져 있었다. 조선 말기 《대전회통大典會通》의 도로계통편에 따르면 경성을 중심으로 총 6개의 도로가 동서남북으로 뻗어 있었다.

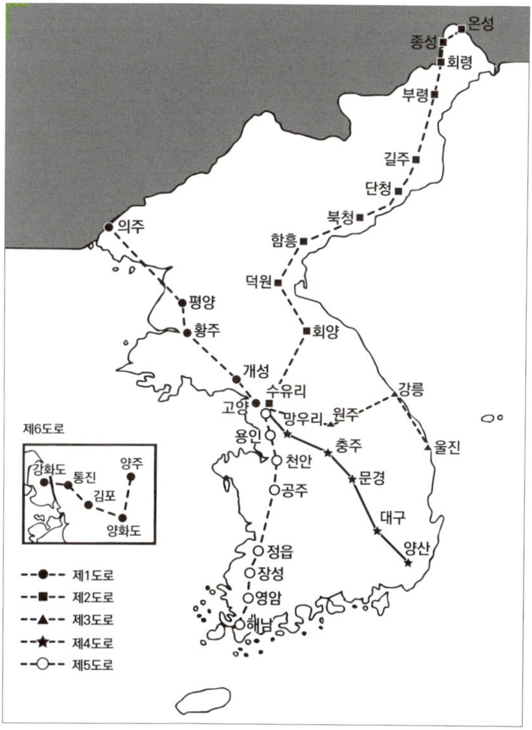

경성을 중심으로 뻗은 6개 도로

제1로는 경성 서북쪽에서 의주까지의 도로로 고양→개성→황주→평양→혜산→의주를 경유해 중국 북경으로 가는 길로 1,806리다. 제2로는 경성 동북쪽에서 경흥에 이르는 도로로 수유리→금북→회양→덕원→함흥→북청→단천→길주→종성→부령→무산→회령→온성 등을 거쳐 2,414리에 이르렀다. 제3로는 경성에서 평해까지 810리에 해당하는 거리로, 망우리현→양근→지평→원주→강릉→울진을 거친다.

제4로는 경성 동남쪽에서 동래부까지의 도로로 한강→용인→충주→문경→대구→청도→양산 등을 경유하는 907리다. 제5로는 경성 남쪽에서 청주에 이르는 도로로 동작진→과천→수원→천안→공주→광산→정읍→장성→영암→해남 등을 거쳐 2,160리에 이른다. 제6로는 경성 서쪽에서 강화에 이르는 도로이며 양주에서 한강을 지나 양화도→김포→통진→강화를 통하는 130리였다.

이 중 가장 중요한 길은 경성에서 의주까지의 도로인 제1로였다. 이 길을 통해 선진문물을 들여올 수 있었고, 조선의 문화를 꽃피울 수 있었다. 자연스럽게 평안북도 의주인들은 누구보다 먼저 세상의 변화를 감지했다. 그 대표적인 예로 조선 후기 무역상으로 유명했던 임상옥을 들 수 있다. 그는 순조 10년(1810) 이조판서 박종경의 정치적 권력을 배경으로 한국 최초의 국경 지방의 인삼 무역권을 독점했다. 순조 21년(1821) 변무사의 수행원으로 청나라에 가서 북경 상인들을 상대로 인삼을 거래해 막대한 재화를 벌었다.

의주는 일찍부터 중국과의 무역으로 상업이 발달했다. 중국에는 주로 인삼을 수출했으며, 해마다 조선정부에서는 중국에 사절단을 파견했고 이 사절단이 통과하는 주요 도회처에는 큰 시장이 생겼다. 이에 따라 부유한 상인도 많이 생겼다.

의주인들은 과거 몇백 년 동안 중앙정부에서 제대로 보호를 받지 못했기 때문에 외부의 침략자와 직접 맞서 싸웠다. 이러한 탓에 강한 무인정신과 공동체 의식이 다른 지역보다 발달했다. 이러한 탓에 강한 무인정신과 공동체 의식이 다른 지역보다 발달했다. 또한 과거에 급제해도 정계에 나아갈 수 없으므로 다른 생계수단을 찾아야 했다. 그들은 정계에 진출하지 못하고 자기 고장에서 서원이나 서당을 차리고 젊은이들을 교육하는 것을 낙으로 삼아야 했다. 그들의 지도와 교육으로 관서지방은 타 지역보다 문맹률이 낮았다. 때문에 새로운 문화를 받아들일 때 속도가 빠르고 또 효과도 컸다.

강한 무인정신과 공동체 의식, 높은 교육열, 선진 중국으로 갈 수 있는 통로 등의 역사적·환경적 여건 때문에 기독교의 만민평등 윤리를 쉽게 받아들일 수 있었으며, 비판적인 사회계급에 의해 기독교가 어느 지역보다 빨리 수용되었다. 선교사가 이 땅에 들어오기 전에 만주에서 신자가 된 이응찬 등 의주 청년은 인삼을 팔러 갔던 상인들이었다. 또 일본에서 신자가 된 이수정도 인삼 상인이었다. 그리고 1907년 제1회 장로회 신학교 졸업생 7명 중 한 사람인 한석진도 원래는 만주를 왕래하며 인삼, 녹용 장사를 하던 상인이다. 이러한 환경에서 조신성은 성장했다.

의주에서 출생한 조신성을 더 강하게 성장시킨 것은 집안 환경이었다. 조신성은 아홉 살 때 모친을 잃고 고아가 되었는데 이전까지 그의 삶은 어떤 부족함도 없었다. 1934년 《신가정》 11월호 다음의 기사에 따르면 그가 어떤 가정환경에서 성장했는지를 알 수 있다.

> 그 집안에는 무남독녀인 이 조선생에게로 온 집안 사랑이 폭주되어 그야말로 애지중지 고히 고히 길리웠다.

아버지는 옆에 없었지만 조신성은 부족한 것 없이 성장했다. 그러나 이러한 행복은 얼마가지 못했다. 조신성이 아홉 살 나던 해에 그를 가장 사랑해 주던 모친이 독사에 물려 세상을 뜬 것이다. 이후 그는 고모와 함께 살았다. 할아버지도 이미 세상을 떠났기 때문에 조신성을 돌봐 줄 수 없었다. 성장 과정에서 처음으로 인생의 괴로움과 슬픔을 알게 된 것이다. 이제부터 모든 일은 조신성 혼자 해결해야 했다. 고아는 가족과 무관하게 세상에 내던져진 존재이므로 철저하게 독립적인 존재로 성장했다. 그리고 광활한 벌판에 자신만 혼자 내버려져 있는 듯한 외로움도 있었지만 오히려 이러한 환경이 조신성을 더욱 더 주체적인 인간으로 성장할 수 있도록 했다.

불행한 결혼 생활과 기독교 수용

고모가 보살펴주기는 했지만 조신성은 고아나 다름없었다. 이러한 환경에서 성장한 조신성은 고모의 의지대로 열여섯 살에 전혀 알지도 못하는 남자와 혼인을 했다. 혼인은 시대와 남녀를 불구하고 삶의 중요한 부분이다. 그러나 천주교와 기독교가 확산될 때까지 조선시대 여성들은 부모님 혹은 자신을 보살펴 주는 어른의 의지대로 얼굴도 모르는 남자와 혼인했다. 하지만 19세기 말 이후 천주교와 기독교, 동학 등의 확산은 여성의 삶에 변화를 가져왔다. 신앙을 전파하는 전도활동은 내외법에 묶여 있던 여성이 밖으로 나갈 수 있는 계기를 만들었을 뿐 아니라 성경의 교리공부를 통해 여성들이 지식세계를 접할 수 있게 되었다.

또한 "신 앞에 모든 사람이 평등하다"는 성경 구절은 여성들에게 인간으로서의 자각과 삶에 희망을 주었다. 최제우의 동학사상도 인내천의 인간 평등사상과 가정화목을 위한 부화부순夫和婦順을 통해 남성에 대한 여성의 인격적이며 동등한 관계를 구현하고자 했다. 이와 같은 새로운 사상은 이후 여성교육과 조혼 폐지, 개가 허용, 여성의 사회참여 등 근대화운동에 큰 영향을 미쳤다.

여성과 혼인에 대한 인식 변화를 가장 두드러지게 보여 주는 것이 당대의 신문과 잡지였다. 남녀간 개인의사가 완전히 무시된 강제 혼인은 가정불화뿐 아니라 자살, 정사, 도망, 남편과 아이 살해 등의 여성범죄를 유발하였고, 이혼, 이중혼 등의 사회문제로 나타났다.

또한 신문이나 여성 잡지에는 연애와 결혼, 이혼, 독신을 둘러싼 가정생활이 적극 소개되어 당대 사회의 최대 관심사 중 하나가 남녀간의 사랑과 혼인이었음을 반영하고 있다. 1920년대 신여성이라는 여성 지식인 계층이 사회에 등장하면서 여성들은 자유연애와 자유혼인, 보다 평등한 부부관계를 이상으로 삼게 되었다. 그러나 급변하는 의식을 따르지 못하는 사회현실 속에서 그들의 자유연애, 자유혼인, 이혼 등은 좌절과 부작용을 낳았다. 하지만 1920년대 자유연애와 혼인은 여성해방의 하나로 주장되었다. 신여성은 자유연애와 결혼관에 입각한 개인주의적인 생활을 하거나 사회주의적인 사상을 바탕에 둔 연애와 결혼관을 통해 자신의 문제를 사회적·조직적으로 극복하려고 했다. 개화기 이후, 여성들은 점차 연애결혼을 선호했으며 연애결혼과 중매결혼의 장점을 취하자는 절충론도 제기되었다.

이처럼 일제 강점기에 이르면 도시에서 교육을 받은 많은 여성들은 연애결혼을 선호하게 되었지만, 19세기 말을 살고 있던 평범한 어린 소녀였던 조신성은 고모에 의해 강제 결혼을 해야 했다. 그러나 결혼생활은 행복하지 않았다. 22세가 되도록 슬하에 자녀가 없었으며 남편은 사업을 하다가 가산을 탕진한 후 아편을 먹고 자살해 버렸다.

이러한 사정으로 조신성은 자신을 기탁할 곳이 없어졌다. 혈혈단신이 되어 버린 그는 자신의 생계를 스스로 책임져야 하는 상황이 되었다. 이러한 여건이 조신성을 독립적이고 주체적인 여성으로 만들었다.

조신성은 남편이 세상을 떠난 후 기독교에 입교해 교회를 다니기 시작했다. 《조선장로회사기》 상권에 따르면, 조신성은 1897년 평안북도 의주읍 교회에서 선교사 베어드에 의해 신자가 되었던 것으로 보인다.

> 의주군 읍내교회가 진흥하다. 의주는 서쪽에 위치해 선교사의 고견이 희소함으로 교회가 쇠미부진하더니 배위량 선교사가 방문해 복음을 선포하며 회무를 정돈하니 신자 배출이라. …… 위원면은 김준건·김창건·김형건·김응건·유천복·이원국·황사성·조신성·최준신 등이 유력자라, 후래 교회에 다대한 공력이 현저하니라.

의주는 한국교회사에서 매우 의미 깊은 곳이다. 이곳은 서양선교사들이 내한하기 전부터 기독교 신앙공동체가 만들어져 있었다. 1879년 스코틀랜드 연합장로교 선교사로 만주에서 선교중이었던 매킨타이어John. MacIntyre에 의해 세례를 받은 백홍준은 자신의 출신 지역인 의주에서 기독교를 전파하기 시작했으며, 1880년대 초기 이 지역에서 교리문답법

초기 기독교인들의 예배 모습
가운데 병풍을 세우고 남녀가 나누어져 예배를 보고 있다

을 운영했다. 1885년에는 18명의 신자로 예배처소가 마련되어 국내 최초의 자생교회인 신앙공동체가 조직되었다.

그러나 그 후 교회가 쇠퇴했으나 1897년 선교사 베어드의 방문으로 다시 많은 신자가 배출되었다. 베어드는 1891년 북장로교 선교사로 내한해 1897년 평안북도 지방을 7주간 답사 여행하면서 의주군 읍내교회에도 들러 그동안 방만해 있던 교회 사업을 정돈했던 것으로 생각된다. 이때 과부로 지내던 조신성도 교회에 다니기 시작했던 것으로 보인다.

초기 한국 기독교사에서 기독교를 받아들였던 여성 중에는 과부가 많았다. 당시 한국사회에서는 전술한 바와 같이 과부가 수절을 할 수 있는 경우에는 상당한 세력과 경제적 뒷받침이 되어야 가능했으며, 그렇지 않을 경우에는 홀아비들에게 밤중에 업혀가도 하소연할 데가 없었다. 젊은 과부가 있다는 소문만 나면 장가를 가고 싶어 하는 홀아비들이 밤중에 많은 사람들을 데리고 와서 업어가는 일이 종종 있었다.

전도부인으로 활동했던 김세지는 과부 생활에 대해 "그런 그때만 하여도 옛날이라 지금같이 법률이나 경찰이 밝지 못했음으로 청춘과부는 잃어버리는 일이 흔하여 과부로 살기가 퍽 위험했다. 특히 아들이 하나도 없이 과부된 젊은 여자는 보호해 주는 법률이 따로 없었기 때문에 일가가 번듯하고 그 사는 시골에서 상당한 세력이나 있는 집안이면 모르거니와 그렇지 않으면 홀아비에게 잃어버리기가 매우 쉬웠다. 그때는 어디 젊은 과부가 있다는 소문만 나면 장가들려 하는 홀아비가 사람을 많이 데리고 밤중에 아무도 모르게 와서 업어다가 살아도 아무 상관이 없고 또 여자가 아무리 살기 싫어도 어찌할 수 없어 업혀 가서 사는 일이 종종 있었다"고 말했다.

언제 신변에 위험이 발생할지도 모르고 생계유지조차 어려웠던 것이 과부들의 삶이었다. 이와 같이 과부들은 동등한 인격을 가진 존재라기보다는 이미 누군가가 사용하다 버린 소유주가 없는 물건에 지나지 않았다.

그런데 기독교에서는 인간 이하 취급밖에 받지 못했던 과부에 대해 우호적이었다.

> 하나님 아버지 앞에서 정결하고 더러움이 없는 경건은 곧 고아와 과부를 그 환난 중에 돌아보고 또 자기를 지켜 세속에 물들지 아니하는 이것이니

에 대한 핍박은 헤아릴 수 없이 많았다.

이러한 핍박 속에서도 날씨나 거리에 상관없이 어린아이를 등에 업고, 앞에 걸리면서 도시락을 싸들고는 교회에서 개최하는 모임에 참석했다. 이처럼 여성들이 많은 핍박을 받으면서도 기독교를 포기하지 않았던 것은 믿기 전의 생활이 전혀 인간다운 삶이 아님을 깨달았기 때문이다.

기독교를 받아들인 여성들은 성경반과 부인성서학원, 그리고 교회 내에서 비정기적으로 개최되는 사경회·부흥회·주일학교 등을 통해 문맹에서 벗어났으며 근대적인 지식까지 공부했다. 이처럼 당시 한국 여성들의 근대교육을 교회에서 담당하는 경우가 많았다. 당시 현실이 이렇자 한 기독교 여성은 한국 여성들의 지위를 향상시킬 수 있는 가장 현실적인 방법은 기독교를 전파하는 것이라며 다음과 같은 주장을 펼쳤다.

> 우리 용렬한 사상으로는 문명한 나라 부인의 정도와 같지 못하니 어느 겨를에 삼사십세가 넘는 부인들은 교육받아 부인사회에 나가기 어렵고 조선 풍속으로 내외를 극진히 하여 문밖을 감히 나가지 못하던 부인을 별안간 사회에 나오기를 권고하면 도무지 안 되는 일이니 폐일언하고 주를 믿지 아니한 부녀 제씨를 권면하여 주께로 인도하고 나이 어린 여자들은 하루빨리 교육하여 주의 진리와 이 세상 학문을 연구하게 하여 도덕상 지식을 발달하게 하는 것이 우리 조선 부인 정도에 적당하다.
>
> 〈부인의 의무〉, 《그리스도회보》 1913. 10. 27

평양지역 기독교 교회의 기도 모임

즉 한국 여성들을 자각할 수 있는 가장 대중적인 방법이 교회를 다니게 하는 것이라는 것이다. 이러한 교육을 주로 교회의 사경회·부흥회·성경반 등에서 담당했는데, 사경회에서는 성경공부 외에 위생학·한글·혼례·금주·단연·교육·풍속개량·가정교육·학교교육·조혼의 폐·자급 방침 등을 교육시켰다. 이러한 교육은 여성들을 스스로 깊게 성찰할 수 있도록 해 주었다. 그러자 교회에서 성경공부와 근대적인 교과목을 공부한 여성들은 자신의 삶부터 변화시키고 현실적으로 가능한 실천운동을 전개했다. 예를 들어 자신이 믿던 무속을 부정한다든가 술장사를 그만둔다든지, 첩이었던 여성은 그 자리를 박차고 나오거나 가족들과 관계를 좋은 방향으로 개선하는 등 노력하여 새로운 삶을 살기 시작했다.

조신성은 교회를 다니면서 느끼는 바가 많았다. 그리하여 좀 더 넓은

압록강 너머 중국 안동현(지금의 단동)

곳으로 가서 교육을 받아야겠다고 생각한 끝에 2년 후인 24세에 고향을 떠났다. 조신성은 압록강을 넘어 안동현으로 가서 그곳에서 배를 타고 인천을 거쳐 서울로 온 다음 상동교회 학교를 다녔다. 당시 숙식을 해결할 수 없어 첩과 함께 사는 친척 아저씨 집에서 다녔다. 그런데 어느 날 신고 갈 신발이 없어 마루 밑에 아저씨의 첩이 신다가 버린 신발이 있기에 그중에 괜찮은 것으로 골라 신고 갔다. 왼쪽은 빨간색, 오른쪽은 노란색이었다. 이것을 본 메리 스크랜턴Mary. F. Scranton이 불쌍하게 생각하여 학비를 대주어 이화학당에 입학했다.

1886년 메리 스크랜턴이 이화학당을 설립한 이후 20여 년 이상 기혼여성의 입학은 허락되지 않았다. 그러다 1908년 처음 25명의 기혼여성 입학을 허락했다. 그런데 조신성의 입학이 허락된 것은 그가 과부였기

이화학당을 설립한
메리 스크랜트

때문일 것으로 보인다.

당시 이화학당에서 학생들에게 가르친 과목은 영어(읽기, 쓰기, 작문), 산수, 생리학, 일반 역사, 성경, 한문, 초등지리, 한글(읽기, 쓰기), 오르간, 노래, 재봉, 자수 등이었다. 강의는 선교사들이 우리말에 서툴고 한국어로 된 교재가 없어서 영어와 한국어로 진행되었다.

졸업 후 조신성은 상동교원양성소에 다녔다. 양성소를 졸업한 후에는 미스 프라이Lulu. E. Frey가 세운 소학교에서 2년 동안 월급 7원을 받고 교사로 재직했고, 그 후 이화학당 기숙사 사감으로 부임했다. 그는 학생들에게 항상 애국심을 강조하면서 새로운 운영방식을 도입하는 등 운영의 합리화를 도모하는 진취적인 여성이었다. 즉 상급반 학생을 훈련시켜 하급반 학생을 가르치게 했다. 조신성에 의해 1906년부터 등장한 학생 교사pupil teacher는 교사가 부족하던 시기에 교과운영에서 중요한 역할을 담당했다.

조신성은 사감으로 재직하면서 상동교회에서 주일학교 반장과 청년회 회장을 맡아 봉사했다. 그는 하숙생활을 하면서 밤에는 상동학교 초등과 학생을 가르치고 낮에는 자신의 공부를 했다. 하지만 처음 교회 다닐 때는 평안도 말과 옷맵시 때문에 사람들의 구경거리가 되었는데 그는 전혀 부끄러워하지 않고 당당하게 다녔다고 한다.

조신성이 기숙사 사감으로 재직한 이화학당 학생들

그 당시 내가 하는 말이나 입는 옷맵시나 머리 트는 것까지 모두가 이상해서 예배당에 오는 이들이 나만 구경하고 놀리고 야단법석이었이으나 나는 조금도 남부끄러움없이 다녔더랍니다.

상동교회에서 조신성은 많은 애국지사들과 교류했으며 좋은 친구도 사귀었다. 그 중에서도 여성 교육운동가 차미리사를 들 수 있다. 차미리사는 조신성이 자신에게 미국 유학을 권유하며 무조건 배워야 한다고 강조했다고 후일 회고하였다.

조신성의 권유로 미국 유학중인 차미리사와 북미 대동 보국회 지도자 방사겸

나는 신심이 그와 같이 굳은 만큼 교회의 여러 사람에게 많은 신용을 얻었다. 그때 같은 여자 신도 중에 조신성이라 하는 동무는 그중에 선각자로서 항상 나를 권유하야 미국으로 유학가라고 했다. 그의 충동을 받은 나는 외국에 유학하고 싶은 열정이 날로 타오르기 시작했다. 그러나 그때나 지금이나 돈 없는 사람은 아무리 큰 뜻이 있어도 어떻게 할 수 없는 터이다. 다만 혼자 마음에만 애를 태울 뿐이더니 마침 어떤 친한 이의 소개로 서양사람 선교사 헐버트를 알게 되어 그는 나의 뜻을 가상히 생각하고 중국 소주교회蘇州教會에 있는 고목사에게 소개하야 먼저 중국으로 가게 되었다. 70이 넘은 늙은 어머니와 아버지도 없는 여섯 살 먹은 어린 딸을 다 버리고 산 설고 물 설은 외국으로 가는 것이 차마 인정에 못할 일이지마는 유학렬이 가슴에 탱중한 나는 그것도 저것도 다 잊어버리고 다만 교회와 조신성 씨에게 집의 일을 부탁하고 표연히 소주로 향했다.

이외에 조신성은 종로 상품진열관 고문으로서, 이준李儁과 함께 창덕궁 안에 방 한 칸을 얻어 조선부인회를 조직해 활동했다. 이러한 활동을 하면서 안창호를 비롯한 많은 애국지사와 교류했다.

조신성과 함께 조선부인회를 조직한 이준

을사늑약과 구국기도회

황현의 《매천야록梅泉野錄》과 박은식의 《한국독립운동지혈사》에 따르면 을사늑약의 전말은 다음과 같다.

1905년 10월 21일 밤, 일본인들이 궁궐에 침입하여 을사늑약을 체결했다. 전날 이토 히로부미伊藤博文가 참정 이하 각부대신과 경리원경 심상훈을 불러 5개조를 제시하자 각부대신들은 모두 불가하다고 말했다. 21일 하오에 각부대신을 공관으로 불러 요구했으나 마찬가지로 모두 반대했다. 이어서 열린 어전회의에서도 여러 대신이 반대한다고 했다. 그러자 이토 히로부미는 경복궁 수옥헌을 일본 군대가 포위한 후 고종에게 조약에 조인할 것을 강요했다. 참정 한규설은 나라가 망할지언정 이 조약을 허용할 수 없다며 분개했다. 고종은 대신들과 협의하라며 자신은 빠졌다. 이토 히로부미는 회의를 다시 열어 대신의 의견을 물었다. 한규설과 법무대신 이하영, 탁지부 대신 민영기 등을 제외하고는 모두 찬성했다.

한규설은 다음날 조약이 성립된 것을 알고 고종에게 조약에 대해 논하지 말자는 상소문을 작성했다. 이 일로 한규설은 임금을 지척에 모시고 있으면서 행동이 합당하지 못하다는 이유로 해임당하고 3년 유배형

을사늑약을 강요한 어전회의 광경

에 처해졌다. 조약이 성립된 것을 안 전 참판이었던 홍만식은 아들에게 "내가 죽은 뒤에 백관百棺에 안치하고 처사라 쓸 것이며 선산에 장사지내지 말거라. 그리고 너 또한 평생 죄인으로 자처하며 숨어 지내 나의 뜻을 저버리지 말거라"라는 유언을 남기고 자결했다.

특진관 조병세는 각국 공사에게 "지금 일본대사와 공사는 약정서 하나를 가지고 우리나라의 궁중으로 들어와 억압의 조약을 강제로 체결하고자 하는데 조약문서의 내용은 우리나라에 일본통감을 두고 우리나라의 외교를 일본으로 이관한다는 것입니다"라고 하면서 고종과 대신들이 반대하자 이토 히로부미가 무력으로 궁궐을 에워싸고 강제로 체결했다는 내용의 편지를 보냈다. 그리고 일본공사 하야시 곤스케林權助에게도 편지를 보내 이 조약은 강제로 체결된 것이므로 말소해 줄 것을 요청했다.

조병세는 백관을 거느리고 조약 찬성에 서명한 박제순(외부대신)·이지용(내부대신)·이근택(군부대신)·이완용(학부대신)·권중현(농상부대신) 오적의 죄를 논하는 상소를 두 차례에 걸쳐 올렸다.

을사늑약을 거부한 한규설

을사늑약에 항거하며 자결한 민영환

> 폐하께서는 즉시 박제순의 목을 쳐서 장안성 남문 안에 있는 거리에 매다시고 찬성이라고 쓴 신하들은 반드시 죽이고 주범과 공범이 따로 있을 수 없다는 국법에 따라 모두 붙잡아 들여 나라의 형벌을 바르게 집행하소서……. 신 등은 윤허를 받지 못하면 차라리 대궐 섬돌에 머리를 부딪쳐 죽을지언정 결코 살아서 대궐 밖을 나가지 않을 것이옵니다.

이어 여러 대신들이 상소를 올렸다. 고종은 '정부에서 협상 조처하라'고 하여 책임을 회피하고 을사조약 협정을 거부했다. 그러나 일제는 일방적으로 외부대신 박제순과 일본공사 하야시 사이에 조약체결을 조인하고 이를 발표하였다. 대안문 밖에 거적을 깔고 앉아 을사늑약의 불법성을 항의한 조병세가 체포되자 민영환이 백관을 거느리고 상소를 올렸다. 민영세가 을사늑약의 철회를 요구

대한문 앞에서 을사늑약에 항거하는 민중

하기 위해 궁내부로 들어가자 이지용과 이근택이 칙령을 따르지 않는 것은 역적이라고 하면서 포박하도록 했다. 민영환은 이러한 사실이 너무나 황당하여 집으로 돌아간 후에 자결했다. 조병세도 민영환의 소식을 듣고 "내가 죽을 때가 되었구나"라고 말하며 아편을 먹고 자결했다. 조병세도 자결했다는 소식을 들은 송병선, 군인 김봉학, 학부 주사 이상철, 인력거꾼 등도 뒤를 이어 자결했다. 이상설도 종로로 나가서 국가가 망하게 된 원인과 나라의 신하로서 죽어야 될 의리를 말하고 바위에 몸을 부딪치고 정신을 잃고 깨어나지 못하다가 한 달이 지난 후에 살아났다. 또한 일본 유학생 30여 명도 문부성에 항의서를 전달하고 모두 자퇴했다.

이와 같이 계속되는 자결, 항의 등과 함께 경기, 강원, 충청, 경상 등

상동교회

여러 도에서 의병이 일어났다. 의병운동은 1895년 명성황후 시해 이후 처음 일어났는데 을사늑약 소식을 듣고 다시 의병이 일어났다. 허위, 이강년, 최익현, 신돌석, 연기우, 홍범도, 이범윤, 강기동, 민긍호, 유인석, 이진룡, 우동선 등이 의병을 일으켰다.

서울 상동교회에서는 전덕기, 정순만, 이준, 이석, 최재학, 계명륙, 김인집, 김태연, 표영각, 조성환, 서상팔, 이항직, 이회간, 기산도, 전병헌, 유두환, 김기홍, 김구 등이 모여 대책회의를 열었다. 회의 결과, 그

전덕기 목사

들은 상소를 올리기로 결정하고 상소문은 이준이 작성하기로 했다. 방식은 다섯 사람씩 조를 이루어 1차 상소를 올리고 1차에서 실패하여 사형당하면 뒤이어 다섯 사람이 2차로 올리는 방법으로 상소하기로 했다.

그러나 1차 상소 팀은 경무청에 감금되어 훈방 처리되었다. 그래서 상소는 그만두고 종로에서 공개 연설을 하기로 방향을 바꾸었다. 그리고 다시 상소를 하기로 했으나 훈방 처리밖에 안되어 실효가 없다고 생각했다. 그들은 민중의 민족의식 고취가 더 중요하다고 생각해 각자 신교육을 실시하기로 결정하고 상소운동을 포기하고 상동교회 교인들은 흩어졌다.

조신성도 을사늑약 소식을 듣고 가만있지 않았다. 학교 교사들과 함께 전 이화학생 88명을 인솔해 대한문 앞에서 엎드려 통곡했다. 그리고 학교에서 매일 오후 3시에 구국기독회를 가졌다. 이화학당 제3대 학당장 페인Josephine Ophelia Paine은 1906년 6월에 개최된 제8회 한국여성총회Korean Women's Conference에 참석하고 휴가 차 미국에 갔다가 한국으로 돌아온 후 첫 수업에서 국어교사 조선생은 학생들과 함께 기도회를 가지려고 하니 늦더라도 이해해 주기를 바란다는 보고를 했다. 이것이 조신성이 처음으로 나선 민족구국운동이었다.

국채보상운동 참여

국채보상운동은 1907년 일본의 차관을 갚기 위해 전국민적인 차원에서 진행된 운동이다. 1904년 러일전쟁 이후 일본에서 빌린 국채는 해가 갈수록 증가했다. 1905년 6월 구채상환舊債償還 및 세계보충비歲計補充費로 동경東京에서 200만 원의 공채 모집, 화폐정리 자금으로 제일은행에서 200만 원 차입, 그 해 12월에는 천일은행 및 한성은행 창립 보조 대부 및 지방 금융조합 창립 자금으로 일본정부에서 150만 원이 차입되었다. 1906년 3월에는 통감부 개설 후 모든 시정 개선 비용과 기업자금조로 일본 홍업은행으로부터 1,000만 원 중 구전 100만 원을 공제하고 실수령액 900만 원을 차입해서 국채 일부를 갚고도 1,300만 원이라는 국채를 떠안게 되었다. 당시 정부 1년 총예산 중 세입액이 약 1,318만 9,300원이며, 세출액은 약 1,396만 3,000여 원으로, 세출부족액이 약 77만 3,000원이었다.

누구나 이러한 재정 적자로는 국채를 상환할 수 없다고 생각했다. 그러나 만약 이 문제를 해결하지 못하면 일본에게 나라를 빼앗길 것이라는 견해가 지배적이었다. 그래서 전국민이 물자를 절약해 국채를 상환하자는 운동이 일어났다. 가장 먼저 운동을 일으킨 곳은 대구였다.

1907년 1월 29일 대구광문사의 명칭을 대동광문회로 개칭하기 위한 특별회를 개최한 자리에서 국채보상운동은 시작되었다. 이 날 대구광문사 부사장이자 대동광문회 회원인 서상돈이 '국채 1,300만 원을 갚지 못하면 장차 토지라도 달라고 하면 달라고 하는 대로 주어야 한다. 2000만

京鄕新聞 경향신문

明治三十九年十月十九日 第三種郵便物認可

양력一千九百七年四月十二日 음력광무십일년뎡미이월삼십일

第廿六號

론셜

국채보샹론

《경향신문》에 실린 국채보상론 논설

동포가 담배를 석 달만 끊고 그 대금을 한 사람당 매월 20전씩 모금하면 그 빚을 갚을 수 있을 것'이라며 단연운동을 제안했다. 그러자 광문사 사장 김광제가 즉시 단연보상운동을 실행하자고 주장했다. 대구광문사에서는 운동의 취지서를 작성해 주요 도시 지역에 배포하고 서울의《제국신문》,《대한매일신보》에도 보냈다.

언론에 이 운동이 보도되면서 국채보상운동은 전국적으로 확대되었다. 그 결과 서울에도 국채보상기성회가 설치되었다. 각 지방에서도 도·군·면 단위로 곳곳에서 국채보상을 위한 모임이 만들어졌다. 이러한 분위기로 1907년 4월 초 대한매일신보사에서 국채보상지원금 총합소를 결성했으나 조직 간의 갈등으로 통일기구로서의 역할은 하지 못했다.

여성들도 이 운동에 참여했다. 가장 먼저 조직을 만든 것은 대구 여성들이었다. 북후정北後亭 국민대회 다음날 여성 중심으로 대구 남일동에서 폐물폐지부인회를 조직했다. 여성 독자로 조직을 결성한 것은 다음의 이유에서였다. 1907년 2월 22일 대구 북후정 국민대회에서 국채보상운동 취지서를 발표할 때 여성들의 의연금 모금 방법에 대해서는 전혀 언급이 되지 않았던 것이다. 이에 여성들은 격분하여 "나라를 위하는 마음과 백성 된 도리에서 남녀 차이가 없다"며 단체를 만들었다.

이후 같은 취지로 전국 각지에서 국채보상을 위한 여성 중심 단체가 조직되었다. 예를 들어 서울에서는 부인감찬회, 대안동 국채보상부인회, 대구에서는 전술한 남일동폐지부인회 이외에 국채보상탈환회, 부산에서는 부산항 좌천리부인회 감선의존금, 삼화항 폐물폐지부인회, 창원에서는 국채보상부인회, 선천에서는 선천의성회, 안악군에서는 국채보상탈

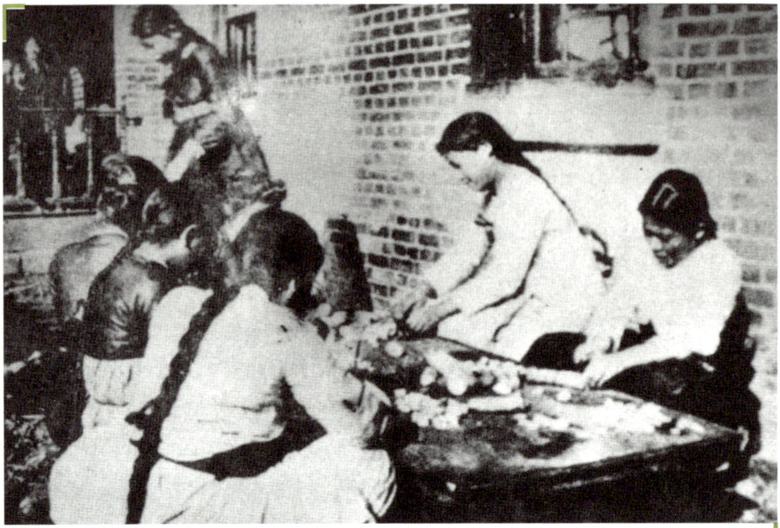
김치를 담그는 이화학당 기숙사 학생들

환회, 안성에서는 안성 장기동 부인회모집소, 진주에서는 애국부인회, 제주도에서는 삼도리부인회 등이다. 기존의 여성단체인 진명부인회와 서울여자교육회에서는 국채보상을 위한 모집소를 별도로 설치하고 의연금을 모집했다. 단체를 통해 의연금을 내기도 했으나 자신이 거주하고 있는 지역에서 같은 마을 사람들과 함께 의연금을 내는 여성도 많았다.

국채보상운동에 참여한 여성들은 대부분 양반 부인들이었다. 이들은 구한말 친일고관 부인과 달리 대중 여성에게 신뢰를 받고 있었으므로 국채보상운동을 보다 더 효과적으로 전개할 수 있었다. 그리고 국채보상운동은 여성들이 같은 목적을 가지고 자발적으로 정치사회운동에 참여한 최초의 운동이었다.

역사적으로 중요한 의미가 있는 이러한 국채보상운동에 조신성도 적극 지지하면서 참여했다. 서울에서 조직된 부인감찬회와 대안동 국채보상부인회를 주도했던 여성들은 양반가의 부인들이었으므로 조신성은 이 단체에 참여할 수 있는 자격이 되지 않았다. 그래서 학생들과 함께 국채보상의 연금을 내는 것으로 뜻을 같이 했다.

1907년 6월 14일자 《대한매일신보》에 국채보상의연금 광고란에 이화학당 교사 조신성이 1원을 낸 것으로 실려 있다.

조신성은 학생 주광명, 이해누리여타, 김매리연, 히나금, 김이리사벳, 이스터박, 문에스터, 박창순, 김일넷스니홉, 박애태, 김신득, 송수산나, 김애마, 김갑득, 김내결, 박에더, 신애내시, 김바울이, 이대터, 전진신, 장여회, 이인순이, 나이녀차, 윤주희, 장은순이, 김힐넌, 이간난, 안마리아, 차매기, 김순이, 박북남, 권보옥이, 하추손 등과 함께 이화학당 명의로 의연금을 냈다. 조신성은 이와 같이 직접 행동함으로써 학생들에게 애국심을 키워 주던 선생이었다.

일본 유학과 귀국 후 교육운동

일본 여자신학교 시절

조신성은 1908년 35세 되던 해에 일본 동경으로 유학을 떠났다. 당시만 해도 여성들이 외국으로 유학 가는 것은 드문 일이었다. 을사늑약으로 외교권이 일본에 의해 박탈되기 전만 해도 일본으로 유학 가는 경우는 거의 남성이었으며, 대부분 관비 유학생이었다. 그런데 1905년 이후 남성뿐 아니라 여성도 일본 유학길에 올랐다. 이들은 실력을 양성해서 국권을 회복하겠다는 목적으로 떠났던 것이다. 이러한 시기에 조신성은 날로 발전해 가는 조선의 근대 문명을 보면서 배움이 부족하다는 생각을 했다. 또한 자신이 원하는 삶을 살려면 좀 더 배워야 한다는 생각을 했다. 이러한 생각을 하게 된 데는 시대적 영향도 있었다.

1905년 이후 조선의 신문명은 서양 선교사보다는 일본의 영향력이 더 컸다. 1906년 한국통감부가 설치되면서 조선의 모든 정책은 일본의 영향 아래 있었다. 정책의 변화는 조선 전국에 큰 영향을 미쳤다.

1907년 무능한 정부당국이 일본의 차관을 해결하지 못하자 일반 대중이 앞장서서 이 문제를 풀어나가려고 했다. 그러나 이 운동은 일본이 모든 정책과 국정 운영을 장악하고 있었기 때문에 성공할 수 없었다. 조신성은 국채보상에 대한 취지에 호응하면서 이 운동에 지지를 보냈으나 현실은 더욱 암울해져 갔다. 그래서 장래를 생각해서 자신이 더 배워야겠다고 생각한 것이다. 조신성이 일본으로 유학 갈 당시 1908년 유학생 통계를 보면 남학생이 270명이고 여학생은 9명이었다. 그러나 이전 통계조사를 보면 여학생이 한 명도 없었다. 일본 여자유학생은 국채보상운동 이후에 생겨난 듯하다.

한국 최초의 관비 동경 여자유학생은 김필례였다. 그가 동경으로 떠난 것은 조신성과 마찬가지로 1908년이었다. 조신성은 일본말을 전혀 할 줄 몰랐으나 배워야겠다는 일념 하나로 유학길에 올랐다. 서울에서 일본 동경까지 가려면 보통 4일이 걸렸다. 기차를 타고 서울에서 부산으로 간 후 현해탄을 건너 시모노세키로 갔다. 그곳에서 동경까지 하루가 걸렸다. 조신성은 일본말을 한마디도 할 줄 몰랐기 때문에 필담으로 의사소통을 하면서 동경까지 갔다. 그는 전혀 준비 없이 유학길에 올랐기 때문에 유학생활 동안 많은 고생을 했다. 김필례는 관비유학생이고, 촉망받는 미혼 여성이었기 때문에 동경 유학생 사이에서 많은 관심을 받았다. 당시 여자유학생의 실정은 다음과 같았다.

동경에는 여자유학생이 전혀 없었던 것은 아니었으나 처녀 유학생으로는 선생이 처음이었기 때문에 관심이 컸다. 동경에 와 있던 다른 여자유학생은 모두 유학 온 남편을 따라왔거나 아니면 귀족의 소첩이 많았다. 뚜렷한 목적도 없이 건너와서는 편물학교 같은 데나 다니고 있었다.

신학문 습득을 위해 유학을 온 학생은 김필례가 처음이었다고 한다. 그러나 같은 시기에 조신성도 이러한 꿈을 가지고 동경 유학을 했다. 김필례는 고학생이 아니었기 때문에 유학생활이 좀 나았지만 조신성은 생계까지 걱정해야 할 정도로 준비 없이 동경 땅을 밟았다.

처음에는 동경 간다神田성경학교에서 일본어 공부를 했다. 동경 간다에는 1906년에 조직된 동경 조선기독교청년회가 있었다. 이 조직은 동경유학생의 구심점 역할을 하고 있었는데, 1909년에는 더 확실한 구심점을 가지고 국권수호운동을 하기 위해 대한흥학회가 조직되었다. 그러나 이 단체는 1910년 일제의 강제병합으로 더 이상 활동할 수 없었다.

조신성은 동경유학생과 교류 없이 독자적으로 행동했다. 동경에서 여학생만을 위한 단체가 조직된 것은 1915년에 이르러서였다. 이때가 되어서야 비로소 여학생의 수가 많이 늘었고 뜻있는 여학생 사이에서 조직을 결성하려는 움직임이 있었다. 조신성은 일제강점 이전에 귀국했기 때문에 이들과 교류할 수 없었다.

동경 간다성경학교에서 일본어 공부를 마친 조신성은 요코하마橫濱로 갔다. 팜푸텐 여사가 세운 여자신학교의 고등과에 입학하기 위해서였다. 요코하마는 일본 최초의 교회인 해안교회가 설립된 지역이다.

일본 조선 기독교청년회

1867년 요코하마를 찾은 한 외국인 선원이 이곳에서 기도를 하면서 외국인들의 예배장소가 되었고 5년 후인 1872년에는 정식교회당이 설립되었다. 일제 강점기 때 요코하마 여자신학교에서 많은 한국인 여성이 신학교육을 받았다. 대표적으로는 윤보선 전대통령 부인인 공덕귀를 들 수 있다. 그가 요코하마 여자신학교에 입학했을 때는 이미 많은 한국인

이 그곳에 거주하고 있었다.

그러나 조신성이 그곳을 찾았을 때만 해도 유학생은 전혀 없었다. 아마 그 혼자였을 것이다. 통계에 따르면 요코하마에 유학생은 없는 것으로 나온다. 일제 강점기에 이르면 선교사의 도움으로 여성들은 장학금을 받을 수도 있었으나 조신성은 그렇지 못했다. 배워야겠다는 일념으로 찾은 일본이었기 때문에 누구의 도움도 받을 처지가 못 되었다.

조신성은 1910년 다시 국내로 돌아왔으므로 3년 정도를 일본에서 보냈다. 동경에서 기초 일본어를 배우고 요코하마로 가서 2년여를 머물렀던 것 같다. 그러나 조신성은 졸업을 앞두고 귀국해야 했다. 이유는 지독한 신경쇠약 때문이었다. 고학으로 어려운 생활을 한 결과였다. 조신성은 여러 의사에게서 고향으로 돌아가 휴식을 취해야 한다는 충고를 들었다. 어쩔 수 없이 4학년 고등과 졸업을 앞두고 국내로 들어올 수밖에 없었다.

1910년 조선 여성의 현실

1910년 일제가 비밀리에 병합을 준비하고 있을 무렵 조신성은 국내로 들어왔다. 이미 더 이상 조선 국권회복의 가능성은 사라졌다. 1910년대 조선의 현실은 암울했다. 1910년 7월 일제는 3대 통감으로 부임한 육군대신 출신의 데라우치 마사타케寺內正毅는 8월 29일 '일한병합조약'을 강제로 체결하고 초대 조선총독에 취임하였다. 이어 9월에는 '조선총독부 지방관제령'을 공포해 지방통치기구를 정비했다. 그리고 10월에는 조선총독부를 설치한 후 정무총감을 두고 경찰기구, 재판소, 조선은행, 철도국, 임시토지조사국 등을 설치하고 조선인 친일관료로 구성된 직속 자문기관인 중추원을 두었다. 또한 치안 확보라는 명분하에 헌병경찰제도를 수립하고 전국 각지에 경찰관서와 주재소를 설치했다. 주재소가 없는 곳은 헌병분대 혹은 분견대를 설치해 조선 사회 전반에 대한 감시와 사찰을 담당하도록 했다. 그리고 한국인들이 발행하는 《대한매일신보》, 《황성신문》 등의 신문 및 출판물의 발행과 판매를 금지했다. 1911년에는 조선총독을 암살하려 했다는 '안악사건'과 '105인 사건'을 조작해 800여 명의 애국지사를 투옥했다.

조선총독부 초대 총독
데라우치 마사타케

이러한 식민지 정책을 수립한 일제는 한국의 근대화·문명화를 내세우면서 여성들에게 낡은 유교적 여성관을 강요했다. 한국에서의 전통적 유교적 여성관은 문화적인 측면에서만 강요되었던 것에 비해 일제는 기존의 유교적 여성관을 근대적인 법으로 규정해 사적이고 가부장적인 지배질서체제를 더욱 강화, 온전시켰다. 일제의 한국 여성에 대한 사적이고 가부장적 지배질서체제의 강요는 천황제 이데올로기와 밀접한 관련을 맺으면서 이루어졌다. 일제가 강요한 천황제 이데올로기는 천황을 정점으로 하는 거대한 사적인 가부장제도였다.

천황은 백성의 아버지로, 백성은 그의 자식으로 설정되었다. 가족윤

리인 효는 천황, 국가, 상급자에 대한 충성의 기본 개념이었다. 일본 사회는 위로 아버지격인 천황에서 시작해 밑으로는 각 가정에 이르는 하나의 거대한 가족단위였다. 개개인이 모든 윗사람에 대해 의무를 지는 일본적 관념에 따른 가족단위였으며 모든 사람의 이익을 위해 자신을 희생해야 한다는 사고를 강조했다.

가족단위로 이해되는 천황제 국가에서 여성의 역할은 집안의 질서를 위해 남편을 군주와 같이 모시는 절대적인 복종 생활이었다. 그 강요는 문화적 측면과 법제적 측면을 통해 이루어졌다.

일제의 여성정책은 근대적 여성관인 현모양처와는 전혀 다른 것이었다. 현모양처 여성관은 근대적인 일부일처제 가정에서 남녀 모두 배우자에게 서로 동등하게 책임과 의무를 다하는 것이라고 할 수 있다. 이에 반해 1910년대 일제의 여성정책은 문화적 측면과 법제적 측면을 통해 전통적 여성관인 유교적 여성관을 더욱 온존, 심화시켰다고 할 수 있다.

첫째, 문화적 측면에서는 어린 여학생에게는 정규 학교교육을 통해, 정규학교를 다니지 못하는 여성에게는 열녀상과 같은 포상제도를 통해 유교적 여성관을 강요했으며 1911년 8월 '조선교육령' 반포와 1912년 '교육칙어敎育勅語'를 각급 학교에 배포하여 천황제 이데올로기를 어린 한국 여성에게 유포했다.

'교육칙어'는 천황이 일본민들에게 하사한 교육 방침으로, 그 핵심은 아버지이며 남편이며 군주이며 그리고 현신인 천황을 믿고 따르는 '충량忠良한 신민臣民'이 되어야 한다는 것이었다. 한국 여성들에게 '충량한 신민'이라는 것은 천황을 믿고 따르는 것만이 아니라 남편을 믿고 따르는 미성숙한 인간으로서의 역할을 가리키는 것이다. 한국인들은 아직 미성숙한 인간이므로 천황의 보호를 받고 이를 따라야 한다는 것이 천황제 이데올로기의 핵심이었다.

'교육칙어' 방침 아래 1911년 반포된 '조선교육령'에서는 이러한 여성의 역할을 강조하는 방향으로 학제와 교과목 등을 규정했다. 어린 한국 여성에게는 보통학교 4년 과정, 여자고등보통학교 3년 과정을 두어 '정숙하고 근검한 여자를 양성함'을 주요 목적으로 삼아 교육을 시켰다. 그래서 보통학교에서는 남학생들이 주로 사회 활동에 유용한 농업초보·상업초보 등을 배우는 반면, 여학생들에게는 일상적인 가정생활에 필요한 재봉과 수예 등에 초점을 맞추어 가르쳤다.

여자고등보통학교에서도 가정에서 안주하는 여성의 역할을 강조했다. 그리고 이를 모범적인 여성상으로 규정했다. 보통학교에서와 마찬가지로 여자고등보통학교에서도 중점을 둔 교과목은 가사, 재봉, 수예 등이었다. 한국 여성은 차세대 자녀를 천황의 신민으로 양육하는 중요한 역할을 담당하고 있으므로 여성교육은 매우 중요하다며 일제 당국은 강조했다. 즉 학교교육에서 한국 여성에게 강요한 것은 사회생활을 헤쳐 나가기 위한 준비과정이 아니라 전근대적 유교를 근본으로 한가정 내에서 천황의 신민을 양육하는 역할을 강요받았다.

다음으로 학교교육을 받을 수 없던 여성들에게 강요한 것은 열녀상이었다. 데라우치 총독은 부임하자마자 효자·절부에게 포상을 했는데 그 수가 3,209명에 이르렀다. 열녀를 모범 여성상으로 삼는 것이 문명의 길로 가는 것이라고 하면서 한국의 전통적인 유교적 여성관을 강요했다. 전통적으로 한국 여성은 유교적 여성관을 강요받아 사회생활에 참여할 수 없었으며 한 번 혼인한 여성은 두 번 다시 혼인하지 못하도록 강제로 규제를 했다. 만일 남편을 잃은 여성이 수절하면 국가에서 이를 장려하기 위해 열녀문을 세워주고 집안 대대로 명예라고 생각하도록 했다. 이처럼 조선시대의 낡은 여성관을 일제 당국은 한국 여성에게 강요했던 것이다. 일제는 한국을 강제로 병합하면서 문명의 길을 인도하는 역할을 자처했으나 단지 명분에 지나지 않았으며 실제적으로 한국의 정체를 더욱 심화시켰다고 할 수 있다.

둘째, 법적인 측면에서는 천황제 이데올로기를 들 수 있다. 한국의 전통적 가족법을 무시하고 일제는 자신들의 가족법을 이식했다. 일제의 가족법 특성은 호주 중심의 가족 원리이다. 이 제도는 1890년 헌법으로 제정된 후 1898년 다시 보완, 공포되었다. 호주제도의 창설은 천왕의 통치권을 확립하는 일환이었다. 일제의 호주제 창설과 확립은 가족국가주의에 기초한 천황제 정치의 확립이라는 목적과 긴밀한 관련이 있었다. 이 법은 남성의 혈통을 중시하고 여성의 혈통을 무시하는 남녀차별적인 법률이었으나 이러한 법이 한국에 그대로 이식되었다.

한국 여성은 조선 말부터 천주교, 동학, 개신교 등의 영향을 받아 남녀동등권을 주장하며 여성의 권리를 주장해 왔다. 그런데 1910년 일제가 한국을 강압적으로 병합하면서 전통적인 여성관을 근대적인 법으로 규정해 이를 더욱 온전, 강화시켰다. 일제의 여성정책은 식민지 지배정책을 유지하기 위해 유교적 여성관을 더욱 강화·심화시켰던 것이다. 조신성은 이러한 시대에 여성을 계몽하고 자각시키기 위해 교육운동에 발벗고 나섰다. 여성들에게 주체적인 삶을 살아가도록 열성으로 교육하였다.

부산 규범여학교 교사 시절

조신성은 신경쇠약으로 귀국한 후 부산에서 2~3일간 여관에 묵었다. 그런데 내한 선교사 어빈Charles. H. Irvin의 부인인 버사Bertha K. Invin가 수소문을 해서 찾아왔다. 버사의 남편 어빈은 1893년 북미장로회 의료선교사로 내한하여 부산에서 활동했다. 1903년에는 어빈병원을 설립하고 한국인 의사를 양성했으며, 1906년에는 나환자를 위한 최초의 병원인 상애원을 설립했다.

버사도 남편 어빈과 함께 1893년에 내한했으며, 1899년 규범閨範학교를 설립한 후 교육가로 활동했다. 베어드가 남자학교인 한문서당을 설립하자 여성들에게도 교육의 기회를 주기 위해 설립한 학교가 규범학교였다. '규범'이라는 것은 모범적인 규수라는 의미로 전통적인 여성상을 가리키는 말이다. 이 학교는 한문·기초 산술·예절 등을 가르치는 작은 학교였다. 정치인 박순천, 소설가 김말봉도 이 학교를 졸업했다.

어빈은 일본 요코하마에서 부산에 파견되었다. 아마 이러한 관계 때문에 조신성이 요코하마 여자신학교에서 공부했다는 사실을 알게 된 것으로 보인다. 당시만 해도 요코하마에서 유학한 여성은 거의 없었다. 따라서 버사가 수소문을 해서 그를 찾아와 규범학교 교사로 재직해줄 것을 간청했던 것이다.

조신성은 자신도 원하는 일이라고 생각해서 선뜻 허락했다. 규범여학교에서 조신성은 학생들을 매우 성실하게 가르쳤다. 이처럼 교육하니까 학생들이 너도나도 조신성을 믿고 따랐다. 그래서 조신성을 위한 노래까지 부르면서 그에 대한 존경의 뜻을 표시했다.

달아달아 밝은 달아
조신성씨 놀던 달아
저기저기 저 달 속에
계수나무 박혔으니

학생들과 어울리고 가르치는 일은 매우 즐거웠으나 버사와는 의견충돌이 잦았다. 조신성은 이 모든 것이 서양인의 우월감에서 나온 행위라고 생각하고 분개했다. 혼자 주먹을 쥐며 분노의 눈물을 흘릴 한두 번이 아니었다. 더 이상 참을 수 없었다. 이 문제뿐만 아니라 조선총독부가 들어서면서 학교에 대한 간섭과 압박도 심했다. 자유의지로 할 수 있는 일이 없었다. 조신성은 학교를 사직하고 어느 절로 들어가 여생을 보낼까 하는 생각까지 했다.

그런데 1911년 학교가 문을 닫은 후 남아 있던 학생들이 호주 선교부가 설립한 일신여학교로 갔다. 규범학교가 문을 닫은 것은 어빈이 버사와 이혼을 했기 때문이다.

어빈은 부인 버사와 함께 부산 해관장을 지낸 영국인 사택을 양도받아 병원을 짓고 살았다. 어빈은 당시 부산뿐 아니라 전국적으로 널리 알려져 있었는데, 그 이유는 '만병수'라는 물약을 만들어 팔았기 때문이다.

최초 여성 전용 병원 보구여관

이 약은 위장병에 효과가 있었다. 그런데 감기, 두통, 치질, 화류병에도 특효약이라고 소문이 나서 당시 부산우체국에서는 만병수 소포가 매일 100~150그램 상자나 되었다고 한다. 이처럼 약이 너무 잘 팔리자 일약 거부가 되었다. 그러다 병원 간호사로 있던 양유식과 부적절한 관계를 맺었다. 양유식은 1888년 부산 좌천동에서 8남매 중 맏딸로 태어났으며 영어를 배우려고 간호부 견습생으로 어빈 병원에 들어왔다. 이 병원에서 일하면서 영어로 의사소통이 가능해지자 어빈이 그를 총애했다. 어빈은 그녀를 자신이 양자로 삼은 한국인 약제사 고명우라는 청년과 혼인을 시켜 주겠다고 약속했다. 그런데 어빈은 양유식을 이성으로 좋아하게 되었다. 소문은 삽시간에 퍼졌으며, 내한 선교사 사이에서 교회 재판을 열어 그를 교회에서 추방할 것을 결의했다. 북미장로회에서도 이러한 사실을 알게 되어 본국 소환령까지 내렸다. 그러나 양유식과 사랑에 빠진 어빈은 선교사직을 사임하면서 소환에 불응하였다. 이후 어빈은 부인 버사와 이혼하고 어을빈 병원을 개원하고 양유식과 재혼하였다.

이러한 사건으로 규범학교를 책임지고 있던 버사는 학교를 폐쇄하고 일본으로 가 동지사대학同志社大學 교수가 되어 선교에 전력하였다. 그는 1935년 본국으로 돌아가 1940년 캘리포니아에서 세상을 떠났다.

이러한 복잡한 상황에서 조신성도 더 이상 규범학교에 머물러 있을 수 없었던 것으로 보인다.

평양 진명여학교 교장 시절

서울로 올라온 그는 진명여학교 교장으로 있는 여메례를 만났다. 여메례는 경남 마산 여씨 가문의 외동딸로 태어났다. 여메례는 태어나자마자 이화학당의 메리 스크랜턴의 양녀로 보내졌는데 부모와 함께 지내면 단명한다는 점괘 때문이었다. 여메례는 메리 스크랜턴의 집에서 지냈으며 상동교회를 다녔다. 그의 세례명은 '메리'였으며 영어에 뛰어났다. 나중에 여성병원 보구여관에서 로제타 홀R. S. Hall의 조수로 일하다 황현모와 결혼했으나 3개월 만에 과부가 되었다 로제타 홀이 안식년으로 본국으로 간 후에는 정동교회와 이화학당에서 일했다. 1901년에는 정동교회 여성 63명을 중심으로 보호여회를 조직하였고 이화학당에서는 학생자치단체인 '러빙 소사이어티'를 만들었다. 1903년 일본 여성교육기관을 돌아보고 온 후에는 이에 자극받아 상동교회에서 성경과 영어를 가르쳤다. 그리고 최초의 기독교여성단체인 조이스청년회를 조직했으며,

안창호에 의해 설립된 대성학교 교사와 학생들

메리 스크랜턴의 권고로 수원 삼일여학교에서 영어를 가르쳤다.

여메례는 1906년 진명여학교가 설립되자 총교사로 취임했다. 진명여학교는 여메례가 엄비에게 적극 권유하여 설립되었다. 그는 상동교회 엄준원의 소개로 엄비를 만나 여학교 설립의 필요성을 설득하였고 근대식 여학교 설립에 관심이 많았던 엄비는 자하골 1천여 평의 토지와 큰 기와집을 하사했다. 이렇게 해서 진명여학교가 설립되었다.

여성계몽사업에 뜻을 둔 여메례는 조신성에게 평양 진명여학교 교장으로 취임할 것을 권유했다. 조신성도 이화학당, 상동교회에서 활동했기 때문에 여메례와는 일찍이 친분이 있었다.

한편 평양의 진명여학교는 1909년 안창호에 의해 설립되었다. 1908년에 평양에 최초의 민족교육기관인 대성학교를 설립한 안창호는 그 이듬해 여성들에게 교육의 기회를 주어야겠다고 생각해서 평양 진명여학교를 설립했다.

안창호는 처음에 여학생들을 모집하기 위해 많은 노력을 기울였다. 주요섭이 1934년 《신가정》에 기고한 〈조선여자교육사〉에 따르면 안창호는 기생들을 각성시키기 위해 대동강에서 놀잇배를 타고 웅변을 했다고 한다. 안창호의 뜻을 모르고 기생과 놀이를 한다고 비난하는 사람도 있었다. 그는 이러한 소문에 개의치 않았다. 안창호는 3~4회에 걸쳐 놀잇배를 타고 기생 앞에서 열변을 토했다. 이 연설에 감동받은 많은 기생들이 기생업을 버리고 학교에 입학했는데 이것이 진명여학교의 시초가 되었다. 당시 평양의 명기로 진명여학교를 졸업한 첫 인물이 박화산, 전수산, 백덕수 등이다. 박화산은 졸업 후 모교의 교사가 되었으며, 전수산은 상급학교인 이화학당 대학과까지 마쳤다. 백덕수는 조선의 여류명사로 이름을 날렸다.

평양 진명여학교 초대 교장은 여메례가 맡았다. 학교 건물은 여메례가 엄비에게 부탁하여 받은 여자교육하사금 500원으로 평양 장대현 꼭대기에 기와집 3간을 구입해 학교 문을 열었다. 운영자금은 평양부인회를 조직해 그 회비로 충당했다. 수업은 대성학교 교사들이 맡았다.

1907년 엄비는 여메례에게 평양의 여자교육 실태를 파악해 오도록 명하여 동년 7월 8일 평양 명륜당 내에 여자교육연구회가 개최되었다. 마침 방학이라 각 학교의 학생 700~800명이 모였으며, 교회부인과 일반부인 400~500명은 서쪽에, 일반 남성 1,989명은 동쪽에서 방청했다. 개회는 황제전하 만세, 황태자전하 천세, 엄귀비전하 천세를 세 번

외친 후 진명여학교 학생들이 애국가로 축사 합창을 했다. 이어서 여메례와 김헬렌, 12세 어린 소녀 옥어진, 안창호, 김희경 등이 차례로 연설했다. 이날 보조금 636원 2전 5리를 모금했다.

이처럼 진명여학교는 황실의 적극적인 관심 속에서 성장했다. 처음에는 기생 10여 명으로 시작했으나 점차 일반인도 여성교육의 중요성을 자각하게 되어 학생수가 갈수록 늘었다.

1909년 7월 13일 평양 진명여학교 졸업식에 여메례는 다시 그곳을 찾았다. 그날 그는 안창호와 함께 졸업생을 위해 연설했다.

여메례의 연설요지

우리 한국 부녀자는 자유를 박탈당하고 있으며, 단지 일가一家가 있다는 것을 알고 있을 뿐, 국가 및 외국이 있다는 것을 알지 못한다. 이것은 전혀 교육을 받지 아니했기 때문이다. 우리 한국도 점차 외국을 배우고 교육을 장려하고 지식을 계발하게 하지 않으면 안 된다. 동포는 수재를 육성하고 세계에 이름을 떨친 율곡선생 및 중국의 맹자 등 두 인물의 어머니를 염두에 두고 교육을 실시하지 않으면 안 된다. 부모로서 자제 교육을 하지 않으면, 가족에게 거액의 부와 수천의 논밭을 가지고 있다고 해도 결국에 다른 사람에게 빼앗기게 되거나 이를 점유 당하게 되며, 국가도 멸망하게 된다. 대성학교 및 진명여학교는 남녀에게 평등하게 지식을 주입하고, 양자가 서로 국가를 조직하게 하고자 한다면 교육에 열정적으로 힘써야 한다.

안창호의 연설요지

메레황袂禮黃 여사가 연설한 바와 같이 우리나라는 자녀 교육에 소홀했고, 자제 교육이 필요하다면 가정교육을 했다. 가정교육을 완전하게 하고자 한다면, 여자에게 교육을 실시하고 지식을 계발하게 하여야 한다. 우리 동포는 자기 본위로 공동 일치심이 결여되어 있는 것은 교육하지 않은 것에 기인한다. 자기만 사랑한다면 결국에는 국가를 유지할 수 없게 된다. 동포 중에 재산을 많이 가지고 있는 자라도 국가에 대한 관념 없이 단순히 도박, 연극에 탐닉하고, 대동강 유선 등을 즐기며 쾌락을 쫓아도 교육에 자금을 투여하거나 기부하는 자가 없다. 오늘날 한국의 상태는 대동강 변에서 물을 투입하고자 하는 자가 있어도 방관하고, 구조하는 자가 없는 것과 동일하다. 동포는 기독교, 즉 상제를 믿고 물에 빠지려고 하는 자가 있다면 이를 구조하고, 이 세계에 공동으로 생존하도록 하여야 한다.

안창호는 진명여학교를 설립한 것뿐 아니라 기생들의 서울 유학까지 알선해 주었다. 그리고 이들이 서울에서 유학하다 평양으로 돌아오면 평양의 학생들과의 만남을 주선해 그 자리에서 창가를 들려주는 등 여성교육에 앞장섰다.

그러다 1910년 국권 상실로 안창호가 해외로 망명하고 평양부인회도 일제의 탄압을 받아 활동을 할 수 없게 되었다. 그러자 진명여학교는 1911년에 이르러 거의 폐교 위기에 직면했다. 여메례의 권유와 대성학교 교장으로 재직하던 차리석의 간절한 권고로 조신성은 진명여학교 교장으로 취임했다.

1911년 조신성은 평양부인회부터 먼저 활성화시키고 직접 학교 교재를 마련했다. 그 다음에 학교에 나오지 않는 학생들을 다시 불러들였다. 처음에 40명이던 학생이 1912년에 이르자 80여 명에 이르렀다. 학생수가 계속 불어나자 교사가 부족할 지경이 되었다. 당시 《매일신보》에서는 1912년 3월 19일자 〈조부인의 열심〉이라는 제목으로 진명여학교가 얼마나 발전했는지를 보도했다.

> 조부인은 작년(1911) 4월부터 자기의 일신을 진명여학교에 드리기로 결심한 후 학생 모집을 광고하여 삼사십 명의 학생을 모집하고 열심히 주야 교육하여 그 학생의 학문이 진보됨과 교사가 학생에게 친절 교수 함을 보는 학부형은 진명여학교로 입학하게 하여 십여 칸 학교에 학생이 가득 차서 능히 어려운 경우를 당했는데 진명여학교를 설립한 후 육년간에 처음으로 학생이 백여 명에 달했다고 사람마다 조부인의 열심을 칭찬하더라.

학생수가 갈수록 늘어나자 조신성은 2층 양옥을 신축해서 교사를 확장했다. 진명여학교의 전성기에는 학생수가 거의 300명에 달했다. 조신성은 학생들에게 일본어 교육의 중요성을 항상 강조했다. 일본어를 배워야 일본의 선진문명을 조선의 것으로 만들 수 있다고 생각했기 때문이다. 그래서 교장으로 취임하자마자 학생들에게 '다이도오고오가 고오리마시타(대동강이 얼었습니다)'라면서 일본어를 가르쳤다.

그는 솜을 넣으면 겨울옷이 되고 솜을 빼면 춘추복이 되는 회색 산동주 단별 치마저고리를 입었다. 그리고 저녁 식사 후에는 바구니를 들고 나가서 돌을 주워 머리에 이고 날라서 학교 담을 쌓았다. 이러한 여성교육에 대한 열정과 성실함 때문에 진명여학교 학생수는 갈수록 늘었다. 조신성은 이렇게 6여 년간 헌신적으로 여성교육사업에 매진하다 1918년에 사임했다. 직접 항일운동에 나서기 위해서였다. 그래서 해외에서 북경으로 와달라는 부탁을 받자 평양 대약상 김수철에게 학교를 맡겼다. 그런데 그가 다른 학교와 병합해 학교를 없애 버리자 이 소식을 듣고 조신성은 "진명은 어디 갔느냐? 내 정신은 아주 끊어졌다! 학교 백정 김수철을 잡아죽이자!"고 소리치며 통곡했다. 그리고 교사로 달려가 유리창을 주먹으로 쳐서 깨버렸다. 손에서는 선지 같은 피가 흘렀다. 이러한 조신성의 강력한 항의로 학교를 도로 찾을 수 있었다. 그 후 학제를 변경하고 4년제 고등과를 증설해 다시 운영했으나 결국 재정난으로 진명여학교는 폐교되고 말았다.

맹산독립단 활동과 민족교육사업

맹산독립단의 조직과 활동

1919년 3·1운동 이후 독립운동가들은 파리강화회의, 워싱턴군축회의, 태평맹산독립단의 조직과 활동양회의 등에 많은 기대를 걸었다. 상해 임시정부에서는 독립청원서를 작성했으며, 노령 및 만주지역의 무장독립군단체는 세계적인 이목을 집중시키기 위해 국내진공작전을 계획했다. 즉 통합 상해 임시정부, 노령 및 만주지역 독립운동가들은 일본과의 독립전쟁을 선언했다. 상해 임시정부는 '독립전쟁의 최후수단인 전쟁을 개시해 규율적으로 진행하고 최후 승리를 지시하기 위해' 입법을 실행한다고 선포했다.

군사 적재適材 소집

군사상 수양과 경험이 있는 인물을 직접 조사 소집, 군사회의를 열어 작전계획을 준비하고 아울러 각 지 군사 직무를 복무케 함.

국외 의용군 모집 훈련

노령, 중국령 각지에 10만 명 이상의 의용지원병을 모집하여 결속 훈련을 함.

안창호도 우리 민족의 당면문제는 독립전쟁이라고 주장했다. 그래서 군사훈련을 반대하다는 것은 국민개병주의에 반대하는 것이며, 국민개병주의에 반대하는 것은 독립전쟁에 반대하는 것이라고 독립전쟁에 반대하는 것은 독립에 반대하는 것으로 규정했다.

이러한 입장을 가지고 서북간도·연해주 일대의 독립군들은 군비조달과 군사훈련에 더욱 박차를 가했으며, 부일협력파 숙청작업에도 앞장섰다. 북간도 지역에서는 1919년 8월부터 두만강과 압록강을 건너 국내진공작전을 전개했다. 소규모 독립군이 강을 건너 국내의 일제통치기관과 한인탄압기관을 파괴하고 즉시 회군하는 방법이었다. 그리고 전국 곳곳에서 유격전을 전개했다.

국내진공작전을 선도한 것은 홍범도가 진두 지휘하는 대한독립군이었다. 같은 해 9월 갑산군 동인면의 금정주재소, 10월 강계·만포진등을 점령하고 자성에서 일본군과 전투로 70여 명을 살상했다. 1920년에는 대한독립군, 군무도독부군, 대한국민군, 대한군정서 소속 독립군 등이

평남 청년단 결사대가 폭탄을 투척한 평남도청

국내 진공작전을 개시했다. 3월에는 대동 부근에서 두만강을 건너 온성군 유포면 주재소를 1차 공격한 후 13일 동안 온성 일대를 계속 공격했다. 3월부터 6월까지 유격전이 전후 3회나 전개되었으며 일제 군경 관공서 34개소가 파괴되었다.

남만주 지방에서는 서로군정서, 대한독립단, 대한청년단연합회의용대, 광복군총영, 대한독립군비단, 광복단, 의성단, 천마산대, 태극단, 대진단, 향약단, 백산무사단, 의용단, 무장단, 광복단, 청년단, 농무회, 보합단, 중흥단, 한교공회 등의 독립무장단체가 활약했다.

조신성은 해외 무장항일단체, 상해 임시정부와 연결되어 평안남도 맹산군을 근거지로 맹산독립단을 조직해 활동했다. 이 단체는 상해 임시정부와 중국 남만주의 조맹선을 단장으로 하는 대한독립단과 연결되

평남 청년단 결사대가 폭탄을 투척한 평양부청

어 있었다.

상해 임시정부에서는 외교운동과 함께 국내에 결사대를 조직해 폭탄을 투척해 일제 식민기관에 경고하는 등의 활동을 전개했다. 예를 든다면 김예진 중심의 평남청년단 결사대의 활동이다. 그중 특기할 만한 것은 1920년 8월 3일 문일민, 안경신, 김예진 등이 한 조가 되어 평남도청에 폭탄을 투척한 일이다. 이 의열활동은 미국 국회의원 외교위원단의 한국 방문을 계기로 계획된 것이었다.

안내자는 김예진이, 폭탄 투척은 문일민이, 폭탄 운반은 안경신이 담당했다. 안경신은 폭탄 두 개를 사과 광주리에 넣고 사과 팔러 가는 것처럼 가장해 운반했다. 그리고 평안남도 칠성문 밖에서 일경과 총격전을 벌이기도 했다.

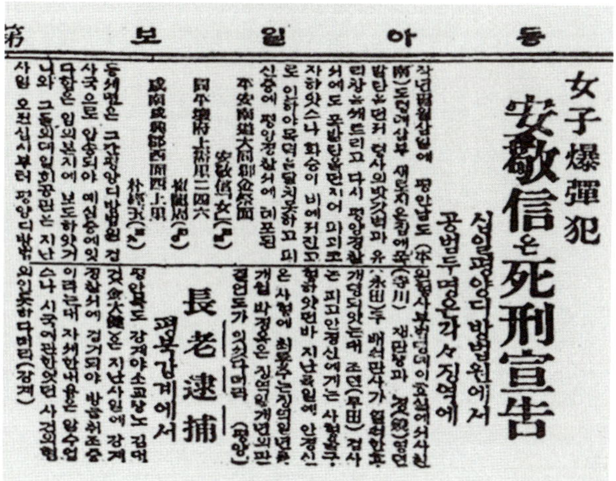

동아일보

女子爆彈犯 安敬信은 死刑宣告

십일평양디방법원에서 공범두명은각々징역에

長老逮捕

평북강계에서

신문에 보도된 안경신(왼쪽) 재판소식을 전하는 《동아일보》 보도

김예진의 부인 한도신은 《꿈갓흔 옛날 피압흔 니야기》에 남편이 주도했던 평남청년단 결사대에 관련된 내용과 함께 조신성의 행적에 대해 소개하고 있다. 그는 가장 기억에 남는 여성독립운동가로 조신성을 손꼽으며 그를 상해에서부터 알고 지냈다고 했다. 한도신은 조신성을 다음과 같이 기억했다.

> 조신성 여사는 평생 나라를 위해 많은 죽을 고비를 넘겨 가며 고생을 했다. 평양에서 군자금을 날라 다 주고, 상해의 독립군들이 비밀작전을 할 때마다 무기를 치마 속에 감춰 날라다 주는 등 남자들이 할 수 없는 일을 많이 하면서 남자 이상으로 독립운동을 했다.

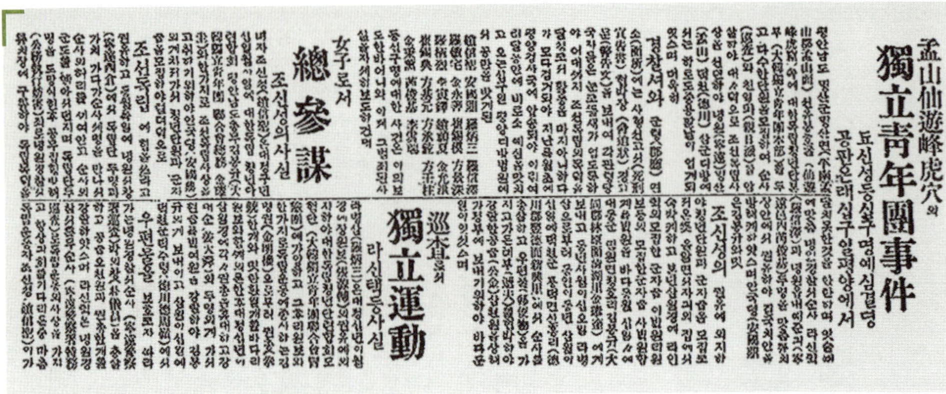

孟山仙遊峰虎穴의 獨立靑年團事件

女子로서 總參謀 조신성의사실

巡査로서 獨立運動 라신태등사실

조신성을 총참모로 한 대한독립청년단 사건을 보도한 《동아일보》 기사

그의 기억에 따르면 조신성은 상해 임시정부와 긴밀한 관계를 가지고 활동했던 것으로 보인다. 조신성은 1920년 10월 영원·덕천·맹산 지방에서 청년들을 모집하여 대한독립단 평양지부를 결성하고 김봉규와 함께 활동했는데 김봉규는 상해 임시정부와 중국 남만주의 대한독립단과 연결되어 있었다. 그는 1919년에 상해 임시정부에 의해 설치된 평양 독립교통국에서 활동했는데 회장은 황보덕이었다. 그 후 1920년 10월 김봉규는 대한독립연합청년단을 설치하고 총무로 활동했으며 안국정은 통신부원과 재무부원을 담당했다. 이 단체에서는 독립전쟁을 수행하기 위한 모험단을 만들었는데, 그것이 대한독립청년단이었으며 또는 맹산독립단이라고도 불리웠다. 이때 맹산독립단의 총참모가 조신성이었다.

주요 활동은 독립운동에 반대하는 사람의 사살과 제거, 군자금 모집, 독립사상 선전 등이었다. 이들은 이러한 활동을 하기 위해 약 6,000여

女子趙信聖이中心된
孟山事件大公判
십구일평양디방법원에서 조신성등이심리

獨立運動은
絕對秘密
순사에게말할리유가업다고
◇조신성의답변◇

맹산독립단 재판소식 보도 기사

원의 군자금을 모집하고 인쇄기 3대, 1만 2,000개의 활자, 육혈포 7자루 민중에게 배포하기 위한 독립운동 관련 문서, 탄환 300발 등을 준비했다. 이들의 대활약으로 영원·맹산·덕천 지역은 하루도 조용할 날 없었다. 그들은 경찰서와 군령, 면소 등지에 사형선고서·협박문·경고장 등을 보내 일제 식민기관 담당자들을 당황스럽게 만들었다.

조신성은 맹산에서 1920년 11월 김봉규와 함께 맹산군 군수 전덕룡을 권고해 사직하게 했고 11월 6일에는 맹산독립단원 2명과 함께 영변 서창으로 가는 도중, 일본 경찰이 추격해 오자 조신성은 그의 팔을 붙잡고 군도를 빼앗아 던졌다. 이 일로 조신성은 체포되어 평양지방법원검사국에서 심문을 받고 '공무집행 방해죄' 로 징역 6개월의 형을 선고받았다. 그리고 영원경찰서에 구류되어 있을 때에는 순사 나신택과 이원서에게 독립운동에 나설 것을 권유하고, 함께 구류를 살던 예준기에게도 권유했다. 이후 나신택은 다른 단원들과 함께 영원서를 습격하고 부일협력세력의 살해를 모의했다. 단원 중 나병삼은 1921년 덕천군 덕주령에서 우편물을 호송하는 박원창을 총살하고 현금 5,000원을 압수해 그중 3,000원을 김봉규에게 전하는 등 활발한 활동을 전개했다.

조신성은 평양 감옥에 복역한 지 6개월이 지났는 데도 풀려나지 못했다. 만기가 되어 풀려나올 즈음 맹산독립단 활동이 발각되어 다시구류 평양지방법원에서 다시 재판을 받게 되었다. 그것은 1921년 4월에는 맹산독립단원 80여 명이 체포되면서 조신성의 관련 사실이 들어났기 때문이다. 그 중에서 60여 명이 방면되고 조신성을 비롯한 18명에 대해 1921년 10월 19일에 제1회 공판이 열렸으며 11월 4일에 증인 심문이 있은 후 11월 21 일에 미쓰야三失 재판장으로부터 선고가 내려졌다. 공판에 회부된 18명의 명단은 다음과 같았다.

조신성, 안국정, 방경수, 방기원, 방임주, 방승현, 이인탁, 조정하, 김윤홍, 최석모, 최석전, 김병훈, 나민탁, 나신탁, 병준기, 이운서, 나병삼, 나병열

그 중에 나신탁과 나병삼은 사형, 이준서·예준기 징역 5년, 김병훈 징역 4년, 방승현 징역 3년, 안국정 징역 3년 벌금 50원, 방경수 징역 2년 벌금 50원, 최석모·김영선·이인탁·징역 2년, 방임주 이선영 징역 1년 6개월, 나병열 징역 10개월, 나민탁·조정하·최석전·방기원·김윤홍 징역 1년에 처했고 조신성은 징역 2년 6개월의 판결을 받고 3년을 옥

중에서 보냈다. 1934년 《신가정》 기자와의 인터뷰에서 조신성은 당시의 힘들었던 상황을 다음과 같이 전했다.

기자: 그 후 직접 운동을 실행하시는 동안에는 어떤 수단과 어떤 방법으로 일을 하셨습니까?

여사: 문자 그대로의 직접 행동이었지오! 덕천, 영원, 맹산 등지로 다니면서 밥도 못 먹고 생식을 하던 때 얘기를 어떻게 다합니까? 다한들 발표할 수도 없는 일이어니와 그때 일이란 장쾌하기 짝이 없었지오!

기자: 그래도 좀 대강만이라도 해 주실 수 없으실런지오!

여사: "가슴에다 육혈포, 탄환, 다이너마이트를 품고 시시로 변장을 하여 가며 깊은 산속을 며칠씩 헤매고 생식을 하여 가면서 고생을 하던 때, 또는 주막에서 순검에게 잡혀가지고는 격투하던 때, 그리고 오도가도 못하고 끼니를 굶어가며 산속에서 며칠씩 숨어 있던 때, 이루 말할 수 있습니까! 그러다가는 결국 1920년 9월에 영변에서 체포되어 가지고 평양으로 끌려와서 감옥생활 을 4년 동안 치르고 나오니 내 나이 벌써 오십년이 되었구려!

교육사업에 재 투신

1925년 4월 조신성은 출옥한 후 즉시 평원군 한천으로 가서 투옥생활로 지친 몸을 이끌고 1년여를 휴양했다. 그러나 그는 휴양하면서도 쉬지 않고 사숙을 세워 코흘리개 아이들을 교육시켰다. 그리고 1년 후 한천을 떠나 금강산을 다녀온 후에는 대평 송태사 절터에 송태정이라는 집을 짓고 살았다. 이 집은 고모에게 물려받은 재산으로 지었다.

이곳에서 지내며 조신성은 평안남도 대동군 대보면 대평시의 취명학교를 인수하여 경영하기 시작했다. 취명학교는 1907년 대한제국 시기 고등과 2학년, 보통과 4학년제의 사립학교 인가를 얻어 지방교육에 앞장섰다. 그 후 20년이 흐른 1927년에는 총 120여 명의 졸업생을 배출했는데 이들은 사회 각 방면뿐 아니라 해외에서도 활동하는 등 학교의 위상을 높였다.

세브란스 의사이며 교수인 이용선도 취명학교 출신자이다. 그의 흥사단 입단 명부에는 다음과 같이 기록되었다.

第88단우 이용선 이력서

출생년월일: 1889년 10월 5일

출생지: 평안남도 대동군 대보면 태평내리

거주지: 출생지

직업

1898 – 1904년 한문

1905 – 1908년 취명학교

1908 – 1908년 측량학교

1909 – 1912년 대성중학교, 숭실중학교

1912년~ 숭실대학

1913 – 1915년 일어 강습

1913 – 1915년 교수 평안남도 대동군 취명학교

1916년~ 노동

학력: 중학 졸업

종교: 예수교

단체: 국민회 청년회장

기능: 소목소유 책자열람

가족

부, 두제 55세 농업 현재 평안남도 대동군 대보면 대평내리

모, 조두일 59세

형, 용건 32세

처, 최기선 27세

자, 준철 2세

흥사단 입단일: 4251년(1918) 12월 27일(새크라멘토)

흥사단에 입단한 이용선의 이력서를 보면 취명학교를 졸업한 후에 대성중학교·숭실중학교로 진학했으며, 이후 미국 캘리포니아주로 이주한 후 흥사단에 입단하여 활동했다. 취명학교 졸업생들은 본교에서 교사로 재직하는 등 사회 각 방면에서 활동했으며, 해외에서도 한인독립운동 단체에 가입해 활동했다.

인재를 육성하던 취명학교는 항상 재정적으로 궁핍했는데 조신성은 재정적으로 어려운 취명학교를 인수해 운영하기 시작했다. 재정난을 해결하기 위해 1927년에는 교직원들이 나서서 재정확보에 노력했으며, 평

양 아마추어 아트협회에서는 북조선 지방순회를 계획하여 재정자금 지원을 도모했다. 1932년에는 강동군 삼등면의 박기숙이 조신성을 만나 자신의 전 재산인 시가 약 5,000원의 토지와 현금 약 2,000원을 기부하였다. 그는 삼등면의 주씨 후처로 들어갔다가 과부가 된 후 재산증식에 많은 노력을 기울여 수만 원의 재산을 축적했다. 슬하에 혈육이 없었으며 전실 아들 주성종이 있었으나 이 아들 때문에 가정불화가 끊이지 않았다. 그러다 조신성의 명성을 듣고 평양까지 찾아와 자기의 전재산을 맡아 좋은 사업에 쓰고 죽을 때까지 돌봐달라고 간청했다. 하지만 조신성은 아무래도 전실 아들 주성종이 불만스럽게 생각할 수도 있으니 전재산 중 절반만 기부해 달라고 했다. 박기숙도 혹시 아들이 이 사실을 알면 무슨 일을 저지를 지 모른다고 생각해 직접 한성은행 평양지점에서 정기예금 2,000원을 찾아 중여증서에 날인한 후 학교에 양도했다. 그런데 조신성은 이 일로 사기 사건에 휘말렸다. 토지이전 등기 수속을 밟기 위해 강동으로 돌아간 박기숙은 고소 대리인으로 주간흠 변호사를 내세워 조신성·김정칠·김철수 등을 사기죄로 강동경찰서에 고소한 것이다. 강동경찰서에서는 김정칠이 보관하고 있던 현금을 압수하고 사범주임을 출동시켜 김정칠과 김철수를 취조했다. 그리고 학교에서 받은 것을 전부 반환하라고 하자 김정칠은 1,000원만 받기로 하고 나머지는 돌려주는 것으로 타협했다. 하지만 조신성은 이 모든 과정이 너무 억울하다고 생각해 김정칠 개인이 타협한 것은 인정하지 않고 '증여한 토지 이전 등기 청구 소송'을 평양지방법원 민사부에 제출하기로 결정했다. 이후로는 사건 전말이 보도되지 않아 결말이 어떻게 났는지는 알 수 없다.

조신성은 이와 같이 평양에서 명망있는 교육자로 정평이 나 있었으며, 억울하게 누명을 쓰면 반드시 그 시시비비를 가릴 줄 아는 여성이었다. 그리고 취명학교를 운영함과 동시에 학생들에게 실질적인 도움을 주기 위해 간이 공업기관의 설립을 계획했다. 이 계획은 고학생들을 위한 것이었다. 이들에게 학비를 면제해 주고 생활을 보장해 주기 위해 목축, 양계, 과수를 재배하는 간이 공업기관을 세우려 한 것이다. 보다 더 실질적인 사업을 위해 조신성은 전국에 사람을 파견해 미리 명함을 주문하게 했다. 황해도에는 최경휘·이동오·고복선·남부지방에는 최병국·김어해, 서부지방에는 표영준·방시영, 북부지방에는 염인근 등을 파견했다.

조신성은 의식을 계몽하기 위해서만 학교를 운영하는 것이 아니라 공부를 할 수 없는 어려운 학생들에게 교육의 기회를 주기 위해 이러한 사업을 계획했다. 단지 이상에만 그치지 않고 실천 가능한 교육사업을 했다고 볼 수 있다.

근우회 활동

1910년 평양 항일여성운동

1910년대 평양에서는 일찍부터 여성들이 항일비밀결사대인 송죽결사대를 조직, 활동하고 있었다. 송죽결사대의 거점은 숭의여학교였으며 중심 인물은 황애덕·김경희·안정석 등이었다. 황애덕은 숭의여학교 교사로 부임하면서 항일운동에 나서기 시작했다.

숭의여학교는 북장로교 선교부에서 설립한 6년제 예수교 소학교 1회 졸업생이 생기자 이들을 위한 상급학교로 1903년에 설치되었다. 그후 1906년에 이르러 장로교와 감리교가 합동으로 경영했다. 이처럼 감리교도 이 학교의 경영에 참여할 수 있어서 황애덕이 이 학교 교사로 부임할 수 있었다. 그는 이 학교에서 1년 동안 재직하다가 로제타 홀의 권유로 잠시 서울에 머물렀다. 그 이유는 의학을 공부하기 위해서였다. 그러나 적성에 맞지 않아 다시 숭의여학교로 돌아왔다. 그리고 비밀결사조직을 만들겠다고 생각했다.

송죽결사대를 조직한 황애덕

황애덕은 숭의여학교를 1회로 졸업한 후 모교에서 후배들을 가르치던 김경희와 먼저 검촉했다. 그는 황애덕에게 안정석과 이효덕을 소개해 주었다. 이 세 사람은 뜻을 같이하여 비밀결사단체를 만들기로 계획하고 교사와 학생들을 더 끌어들였다. 김경희는 1908년 졸업 후 모교에서 3년간 교사로 재직하다 목포 정명여학교로 전근 갔다 다시 평양으로 돌아왔다. 그는 숭현여학교에서 교사로 활동 중이었다.

이들은 1913년에 비밀결사단체를 '송죽결사대'라 명명하고 활동하기 시작했다. 나이가 어린 사람은 죽형제, 어느 정도 나이가 있는 사람은 송형제라고 불렀다. 송죽은 청솔과 참대라는 의미였다. 그 중 참대는 충정공 민영환과 관련된 이야기에서 따왔다.

황애덕은 김경희와 더불어 숭의여학교에서 학교장과 동료직원들에 두터운 신임을 얻고 있었으며, 학생들에게는 존경을 받고 있었다. 이들은 성적이 우수한 모범학생을 이 비밀조직에 끌어들였다.

황애덕은 김경희, 안정석, 최의경, 박치은, 이효덕, 박현숙 등과 함께 김경희를 회장으로 선출했다. 이들을 송형제라고 불렀다. 재학생으로는 최자혜, 박경애, 채광덕, 최순덕, 이마대, 서매물, 홍마태, 황신덕, 김옥

석 등이 참여했다. 송죽결사대는 전원 찬성을 얻어 자신의 사진첩에 붙이면 대원으로 활동할 수 있었다. 그 후에는 매월 회비 30전을 내야 했으며, 매월 15일 밤 12시에 열리는 회의에 참여해야 했다. 모임장소는 학교 기숙사 지하실이었다. 대원이 되면 다음 네 가지의 규칙을 반드시 지켜야 했다.

첫째, 절대로 남의 험담이나 비평을 하지 말 것
둘째, 일본 물건을 쓰지 말고 국산품을 애용해 국산장려를 일삼을 것
셋째, 옷고름을 달지 말고 단추를 달아 물자를 아낄 것
넷째, 회원들은 명주나 무명, 모시옷만 입을 것

그리고 모임이 시작되면 먼저 태극기를 펴서 경의를 표하고 나라의 독립을 구하는 기도를 했다. 마지막으로 각각 자신을 성찰하고 서로를 비판하는 시간을 가졌다.

송죽결사대의 주요 활동은 군자금을 모아 해외에서 활동하는 독립운동단체에 전달하는 것이었다. 그래서 이들은 여자상회를 만든다는 명목으로 머리카락, 떡, 자수 등을 팔았다. 그리고 대원들은 졸업 후 혹은 다른 학교로 전근 갈 경우에는 그곳에서 활동하는 동시에 전국적인 조직으로 확대하려 했다. 구체적으로는 조선 13도에 대원을 파견해 세포조직을 통해 독립사상을 계몽했다.

황애덕은 3년 동안 숭의여학교에서 교사로, 송죽결사대 책임자로 활동하고 있었다. 그런데 로제타 홀이 다시 의학공부를 권하며 이번에는

일본에서 공부하길 바랐다. 또한 아버지도 적극 권하여 더 이상 거절하지 못하고 일본 유학길에 올랐다.

국내에서는 김경희를 비롯한 책임자들에 의해 활동이 계속 이루어졌다. 직접적으로 전면에 나서게 된 것은 1919년 3·1운동 때였다. 김경희는 중국 상해에서 파견된 김순애와 접촉했다. 김순애는 김경희의 여동생 김애희의 친구였다. 그리하여 김경희는 김순애와 접촉할 수 있었다. 한편 박현숙은 신홍식 목사와 접촉하고 있었다. 이러한 연결로 인해 송죽결사대는 평양에서 3·1운동을 주도하게 되었다. 만세운동 이후에는 상해 임시정부를 위한 군자금 모집에 적극 나섰다. 얼마 후에는 송죽결사대의 핵심요원인 안정석, 박현숙 등에 의해 평양에서 애국부인회가 조직되었다. 결국 이 항일여성운동단체는 송죽결사대의 다년간 활약에 따른 것이다.

3·1운동 직후 항일여성운동

1917년 황애덕은 일본 동경여자의학전문학교에 입학했다. 이 학교교장 요시오카는 여성운동을 한 경험이 있었기 때문에 공부하기에 적당한 학교였다. 그리고 기숙사 생활을 하는 동안 뜻이 맞는 여러 친구와도 사귀었다. 그러나 황애덕이 1년을 공부하면서 느낀 것은 적성이 맞지 않는다는 것이었다. 한 번은 약 냄새 때문에 졸도도 했다. 그래서 다른 길을 모색했다.

일본에서 유학하는 동안 황애덕은 송죽결사대의 활동을 이어나갔다.

조선 여자 유학생 친목회 회장
정신학교 교장을 역임한 김필례

동경에서 여학생을 중심으로 송죽결사대를 조직하고 비밀리에 모임을 가졌다. 김마리아·나혜석·정자영·유영준 등이 이 모임에 참여했다. 송형제는 주로 선배, 죽형제는 후배로 구성했다. 그리고 일본 경찰을 피하기 위해 명부서류 대신 앨범을 만들어 각자의 사진 아래에 송松, 죽竹 등으로 표시했다. 모임은 동경 간다에 있는 한인교회를 이용하다가 이 장소도 위험해서 하숙집 골방을 이용했다. 이들은 일제 비누 대신에 녹두가루를 사용한다거나 의류도 무명과 명주로 만들어 입는 등 국산품 애용에 앞장섰다.

황애덕은 이들과 의기투합해 기존 조선여자유학생친목회의 활동을 더욱 강화했다. 조선여자유학생친목회는 1915년 4월 3일 김숙경, 김정화, 김필례, 최숙자 등의 발기로 김정식 집에서 조직되었다. 초기의 명칭은 여자친목회라고 불렀으며, 회장은 김필례가 맡았다. 《학지광》 편집부에서는 모성주의와 자유연애를 주장하던 엘렌 케이처럼 이상적인 부인으로 살아가길 바란다며 여자친목회 결성을 축하했다.

이듬해 정신여학교 루이스 교장이 김필례를 찾아와 정신여학교 교사로 봉직해 줄 것을 권하자 이를 받아들이고 귀국했다. 그리고 뒷일을 김마리아에게 맡겼다. 그래서 김마리아는 황애덕과 더불어 《여자계》의 창간과 1917년 10월 17일 조선여자유학생친목회 임시총회를 개최했다.

《여자계》는 숭의여학교 동창회의 도움으로 창간할 수 있었다. 황애덕은 《여자계》 3호부터 발행인이 되어 좀 더 폭넓은 여성 대중을 위한 잡지로 만들었다. 조선여자유학생친목회에서도 김마리아와 함께 활동했다.

제1차 세계대전 종료 후 미국 대통령 윌슨이 제시한 민족자결주의 원칙을 동경생활 중에 듣게 되었다. 전쟁을 승리로 이끈 전승국 27개국 대표는 1919년 1월 프랑스 파리에서 강화회의를 개최하기로 결정하였다. 주도 국가는 미국, 프랑스, 영국이었다. 파리강화회의에 앞서 1918년 1월 미국 대통령 윌슨은 14개조의 전후 세계평화안을 제시했다. 이 제시문의 핵심은 전쟁의 원인이 제국주의 정책에서 비롯되었으며 이제 여기에서 벗어나 세계평화를 이루자는 것이었다. 이 내용 속에 모든 민족은 스스로 운명을 선택하고 결정해야 한다는 민족자결주의 원칙이 포함되어 있었다.

일본 동경에서 유학중이던 학생들은 윌슨의 민족자결주의 원칙에 크게 고무되었다. 1918년 12월 동경에서 발행되던 《더 재팬 애드버타이저 The Japan Aduertiser》에 재미동포 이승만 등을 파리강화회의의 민족대표로 파견한다는 기사가 실렸다. 학생들은 파리강화회의에 참가하는 민족대표에게 힘을 실어 주기 위해 민족 전체가 독립을 원하고 있다는 모습을 보여주어야 한다고 생각했다.

이를 계기로 황애덕을 비롯한 친목회 회원들은 대규모 만세운동을 계획했다. 일본유학생들은 1918년 12월 29일 1차 모임에서 대대적인 민족운동을 전개하기로 결정하고, 1919년 1월 6일 2차 모임을 가졌다.

황애덕은 김마리아와 함께 이 모임에 참석했다. 그러나 당시 남학생들은 여학생들이 함께 독립운동을 해야 한다는 자각을 하지 못하고 있었다. 그래서 황애덕은 여학생들도 당연히 참가해야 한다는 의사를 강하게 표시했다. 황애덕의 주장으로 여학생들도 모임에서 발언권을 가질 수 있었다. 김마리아는 독립운동 자금으로 30원을 헌납했다. 그리고 이광수에게 독립선언서를 작성하게 한 후 일문과 영문으로 번역해 1919년 2월 8일 오전 10시에 일본의 각 대신, 의원, 해외 각국의 대사와공사, 조선총독부, 각 언론사에 보냈다. 같은 날 오후 2시, 조선기독교청년회관에 약 40명의 학생이 모인 가운데 백관수가 독립선언서, 김도연이 결의문 등을 낭독했다. 이 자리에는 황애덕을 비롯해 김마리아, 노덕신, 유영준, 박정자, 최제숙 등이 참가했다. 황애덕은 국내 여학생을 단합시켜 운동을 일으키고, 하란사를 파리평화회의에 파견하기 위한 기금 마련의 임무를 맡았다.

김마리아는 현장에서 체포되지는 않았지만 자금 30원 헌납건으로 학교에서 연행되었다. 그는 여러 시간 취조를 받은 끝에 풀려난 후 독립선언서를 소지하고 차경신과 함께 귀국길에 올랐다.

황애덕은 이들이 떠난 지 10여 일 후인 2월 28일 학교에 가서 출석만 하고 곧장 일본을 떠났다. 그는 일본 여성으로 변장하고 허리띠에 비밀서류를 넣어 히사시가미庇髮(앞머리를 부풀리고 뒷머리를 올린 머리) 스타일로 머리를 들어 올린 후 귀국길에 올랐다. 황애덕은 부산에서 기차를 타고 서울로 오자마자 박희도와 송진우를 만났다. 그리고 김마리아를 만났다. 김마리아는 황애덕에게 이화학당을 근거지로 해서 항일여성운동단체를 조직하자고 권유했다.

황애덕은 동생 집에 머무르면서 방태영으로부터 만세운동이 일어났다는 소식을 접하고 시위행렬에 가담했다. 시위대는 남대문통으로, 서대문통으로 광화문통으로 안국동에서 효자동을 지나는 거리 등 4대로 나누어졌다. 황애덕은 안국동에서 효자동을 지나는 시위대에 합류했다. 그날 시위대에서 빠져 친척집에서 하루 머문 후 다음날 동생 집으로 돌아왔다.

다음날인 3월 2일 박인덕의 방에서 김하르논, 박승일, 신준려, 안숙자, 나혜석, 손정순, 안병석, 안병수 등과 모임을 가졌다. 김마리아가 먼저 남자들이 3월 1일 독립운동을 시작했는데 여자 쪽은 어떻게 할 것인지를 물었다. 나혜석의 신문조서에 따르면 황애덕이 첫째, 부인단체를 만들어 독립운동을 하자, 둘째, 남자단체와 연락을 취하자, 셋째, 남자단체에서 활동할 수 없을 때는 여자단체가 이를 대신해 운동하자 등을 제안했다고 한다.

이날 김마리아·박인덕·나혜석·황애덕 등을 간사로 뽑고 이틀후 4일에 다시 모임을 가지기로 했다. 이 모임에서 하란사와 신마실라를 파리강화회의에 참석시키려고 한 것으로 보인다. 하란사는 이미 떠난 상태였기 때문에 신마실라를 보내려고 했는데 문제는 여비였다. 황애덕은 여비를 마련하기 위해 3월 6일 일본 여성으로 변장하고 개성·황주·해주·사리원·평양 등 각 지방의 동지들을 찾기로 했다. 그러나 기차역마다 삼엄한 경계를 하고 있어 내리지 못하고 평양으로 와서 안정석을 만났다. 그리고 이곳에서 노파로 분장해 집집마다 찾아다니며 경비를 마련하고, 마련한 자금을 히사시가미 속에 감추고 서울로 와서 신마실라

대한민국애국부인회 임원들
김영순, 황애덕, 이혜경, 신의경, 장선희, 이정숙(오른쪽부터)

에게 건네주었다. 그 후 동생 황인덕 집에 숨어 있었는데 같은 해 3월 19일, 나혜석의 자백으로 일본 경찰에 체포되었다. 구치소에서 황애덕은 나혜석을 만나 자초지종을 듣게 되었는데 이미 동경으로 떠났다고 생각해 자백했다고 했다. 그리하여 황애덕은 김마리아와 마찬가지로 독방에 감금되었다. 5개월여 후에 황애덕은 내한선교사 빌링스B. W. Billings의 주선으로 석방되었다.

황애덕은 출옥 후 일시적인 단체가 아니라 항일운동을 지속할 수 있는 단체를 만들겠다고 생각했다. 그래서 김마리아를 찾아갔는데, 그도 증거 불충분으로 면소되어 석방되어 있었다. 그 후 김마리아의 소개로 정신여학교 교사인 이혜경·장선희·김영순·신의경, 정신여학교 출신의 간호원 이정숙, 전도사 백신영 등과 만났다.

1919년 10월 19일 16명이 정신여학교에서 미술, 음악, 영어 등을 담당하던 천미례L. D. Miller 여선교사의 집에서 모임을 가졌다. 김마리아가 이곳에서 지내고 있었기 때문에 병문안을 한다고 핑계를 대었다.

명칭은 대한민국애국부인회 본부로 정하고, 회장과 각 부서의 책임자를 정했다. 전신은 혈성단과 대조선독립애국부인회가 연합해 만들어진 대한민국애국부인회였다. 혈성단은 장선희, 오현주, 오현관, 이정숙, 이성완 등이 3·1운동으로 수감된 이들의 사식과 가족들의 구제방법을 강구하기 위해 조직했으며 정신여학교 출신이었다. 대조선독립애국부인회는 경성여자고등보통학교 출신의 김원경과 최숙자 등이 주도하여 만들었다. 이 두 단체가 연합하게 된 것은 상해 임시정부의 요청에 따른 것이다. 임시정부에서 국내 부인대표를 파견해 달라고 요청했기 때문이다. 주요 활동은 임시정부에 군자금을 모집해 송금하는 것이었다.

회장 오현주의 활동 부진으로 세력이 약화되던 와중에 김마리아를 중심으로 재조직된 것이 대한민국애국부인회 본부였다. 김마리아를 중심으로 한구성원은 부서와 임원을 새로 설치, 선정하고 상해 임시정부와 긴밀한 관계를 가졌다. 이날 회장 김마리아, 부회장 이혜경, 총무 황애덕, 서기 신의경·김영순, 부서기 황인덕, 교제원 오현관, 적십자장 이정숙·윤진수, 결사장 백신영·이성완, 재무원 장선희 등으로 선정했다. 지부는 거의 19군데에서 결성되었다.

지부조직은 오현관이 총재를 책임지고 있을 때보다 대구, 황주, 사리원, 해외 각 지역, 정신여학교 학생부 등이 더 증가해 가입인원은 총 650여 명에 이르렀다. 김마리아는 다음과 같이 본부의 취지서를 기초했으며, 세칙은 각 부서원이 작성했다.

취지서

(중략) 아! 우리 부인들도 국민 중의 한 분자이다. 인권을 찾고 국권을회복할 최대의 목표를 향하여 우 리에게는 다만 전진이 있을 뿐이요. 추호의 후퇴도 용허할 수 없음이라. 국민성이 있는 부인은 용기를 분발하고 이상을 높이고 지기를 상통함으로써 공고한 단결을 도모하여야 할것이니 일제히 찬동하여 주 기를 천만 희망하는 바이다.

회칙

제1조 : 본회는 대한민국애국부인회 본부라 칭한다.

제2조 : 본회의 목적은 대한민국 국헌을 확장하는 데 있다.

(중략)

지부규칙

제1조 : 본회의 명칭은 대한민국애국부인회 지부라 한다.

제2조 : 본회의 목적은 대한민국에 의무를 다함에 있다.

(하략)

이와 같이 김마리아, 황애덕을 비롯한 여성 지식인들은 처음으로 국내와 해외 지역 여성을 총망라해 거대한 여성항일단체를 결성했다. 이 조직은 상해 임시정부의 여성대표기관이었다. 이는 임시정부에서 여성을 대표하는 발언을 할 수 있다는 의미이기도 하다. 임시정부에서 여성의 존재를 인정해 준 것은 3·1운동 때 보여준 역량 때문이다.

대한민국애국부인회 회장 김마리아

3·1운동은 여성들이 남성과 협력해서 전개한 첫 정치운동이었고, 이를 계기로 1910년대에 비밀리에 전개한 운동이 표면화되어 대한민국애국부인회 결성으로 나타났다.

본부의 모임 장소는 정신여학교의 지하실이었다. 당시 루이스M.Lewis 교장은 알고 있으면서도 모른 척하고 있었다. 그래서 학교의 등사판을 이용해 인쇄물을 작성하고 본부의 인장과 각종 서류는 전부 지하실에 감추어 두었다. 그러나 활동한 지 두 달 만에 전국적인 검거 선풍이 일어나 회장 김마리아를 비롯한 간부 전원이 체포되었다. 그리고 그날 밤으로 기차에 실려 대구경찰서로 압송되었다. 겨우 두 달 밖에 활동하지 못했지만 대한민국애국부인회 활동은 이후 한국여성운동의 발전에 직·간접적으로 영향을 미쳤다.

항일여성 단체 해산 이후의 여성운동

1919년 3·1 운동 직후 항일여성운동단체에서 활동하던 여성, 즉 황애덕·신의경·김영순·박현숙·김함라 등은 세계 열강에 대한 기대의 좌절

등으로 새로운 민족운동을 모색하는 과정에서 전국기독교여성운동단체 조직에 박차를 가했다.

그리하여 1923년 전국적인 여성조직인 YWCA 연합회를 결성했다.

이 조직은 준비기간만 1년이 걸렸을 정도로 치밀하게 준비하여 창립되었다. 처음에 창립을 제안한 것은 미국 YWCA에서 보낸 미국위원단이었다. 1920년 12월부터 창립을 제안했으나 당시에는 여러 조건이 뒷받침되어 있지 않아 창립이 어려웠다. 국제기구로서 YWCA가 창립된 것은 1894년이었는데, 세계 YWCA는 미국 YWCA의 재정적 뒷받침으로 인도 YWCA 창설을 돕기 위해 간사를 파견하면서 YWCA의 국제적 유대와 협조가 급속하게 발전했다. 1906년에는 해외 간사로 13명을 파견했으며, 1917년과 1921년 사이에는 170명의 해외 간사를 파견되었다. 파견 지역은 주로 동양 각국과 남아메리카 여러 나라 등이 었다.

이러한 세계 YWCA의 해외활동의 일환으로 미국 YWCA에서 위원단을 한국에 파견했다. 미국에서 온 위원단은 정신여학교에서 교편을 잡고 있던 젠소John F. Genso의 집으로 한국기독교 여성 중 지도층 인물을 초대해 YWCA의 이념과 활동 등을 소개하며 창립을 권유했다. 그러나 한국은 일본의 식민지국이므로 일본 YWCA 지부로 창립해야 가능하다는 말을 전했다. 이 말을 전해들은 한국기독교 여성들은 단호히 거절했다. 그러나 당시만 해도 국내적인 여건이 성숙되지 않아 한국 YWCA 창설은 어려운 상황이었다.

이로부터 한 달 후 1921년 초에 YWCA 연합회 창립에 뜻을 두고 있던 김필례는 이화학당 당장이던 아펜셀러Alice Rebecca Appenzeller의 소개로

YWCA연합회 제7회 정기대회(1929. 7. 25)

김활란을 만나 서로 의기투합했다. 그로부터 1년이 지난 1922년 3월 27일, YWCA 창설에 뜻을 둔 신의경, 유각경 등 남녀교계 지도층 인물이 조선여자교육협회에서 모임을 가지고 그 자리에서 YWCA를 조직하기로 결정했다. 그리고 창설준비를 위해 임원을 선출하고 사업을 계획했다. 회장으로는 유각경, 위원으로는 김미리사, 김필례, 방신영, 김샬로메, 김경숙, 서기로는 이각경 등을 선임했다. 김활란과 김필례는 같은 해 4월 4일부터 6일 간 중국 북경 청화대학에서 개최된 세계기독교학생청년회 총회에 참석했다. 이상재, 이대위, 신흥우, 여운홍 등도 이 총회에 함께 참석하였다. 그리고 김활란과 김필례는 세계각국의 지도자들에게 한국 YWCA 창설에 대한 협조를 요청했으나 그들은 여전히 일본

YWCA의 허가 없이는 곤란하다는 입장이었다. 김필례는 일본 YWCA 총무 가와이 미치코를 만나 조선의 독자적인 YWCA 창설에 대한 협조를 구해 마침내 일을 성사시켰다. 이 두 사람은 귀국 후 본격적으로 YWCA 창설준비 모임을 진행시켰다.

1922년 4월 20일 서울 이화학당에서 2차 발기 모임을 가졌다. 여기서 YWCA 창설을 위해 청년회 여자 하령회를 개최하자는 의견이 나왔으며, 임원으로 회장 김활란, 부회장 방신영, 총무 김필례 등이 선출되었다.

이어 5월 4일 다시 하령회 개최를 구체적인 진행하기 위해 3차 발기회를 가졌다. 6월 13일 협성여자성경학원에서 전국 공사립 고등여학교 대표와 각계 여성단체 65명이 참가한 가운데 여자 하령회를 일주일 동안 개최하여 전국의 여자청년회 대표 60여 명이 모였다. 이 기간 동안 강의 과목은 종교학, 심리학, 윤리학, 사회학, 세계여자사업, 수양 강연 등이었다. 이러한 강의 외에 아펜셀러의 '세계여성들의 책임' 이라는 강연이 있었으며, 하령회 마지막 날 축첩과 이혼, 공창문제에 대한 토의와 함께 YWCA 기성회가 발족되었다. 그리고 임원과 위원을 구성있다. 회장으로는 방신영, 부회장 홍애시덕, 총무 김필례, 서기 김함라, 신의경, 재정위원 유각경, 박양빈, 김양라미, 박용애, 규칙제정의현 김활란, 김필례, 마제시, 김보원, 신의경 등이 선출되었다.

그리고 각지 순회를 통해 지역 여자청년회가 YWCA에 가입할 수 있도록 강연을 준비했다. 김필례는 12월 16일부터 1월 19일까지 약 40일 동안 진주, 마산, 대구, 청주, 선천, 평양, 진남포, 해주, 재령, 안악, 개성, 인천, 함흥, 원산, 목포, 광주 등 17개 지역을 방문했다.

이러한 준비 끝에 1923년 8월 2차 하령회에서 연합회가 창설되었다. 하령회는 1923년 8월 20일부터 28일까지 9일 동안 협성여자성경학원에서 개최되었다. 연합회 창설 직후 김필례, 황애덕, 유각경, 김성모, 이선애, 김경숙, 박석근, 옥어진 등이 헌법제정위원으로 임명되었다. 그리고 회장으로 유각경, 부회장 김함라, 서기 신의경, 부서기 김성실, 회계 하복순, 부회계 김영순 등이 선정되었다.

지부는 지방 순회강연 시에 마산, 부산, 대구, 청주 등 4개 도시와 개성 호수돈여학교, 마산 의신여학교, 서울 정신여학교, 이화학당, 협성여자성경학원, 동대문 부인병원 간호원양성소, 원산 신정여학교, 원산 여자성경학원 등 8개 학교에서 가입했다. 연합회 발족 이후에는 원산, 평양, 안주 등의 지역과 대구 신명여학교, 부산 일신여학교, 서울 정신여학교와 배화여학교, 광주 수피아여학교, 개성 미리암여학교, 공주영명여학교, 평양 정의여학교 등의 학교에서 신규로 가입했다.

활동은 주로 하령회, 수양회, 강연회 등이었다. 하령회는 1주간의 훈련과 교육 프로그램 등으로 짜여 있었으며, 기도시간과 교회지도자에 의해 인도되는 성경공부 등의 종교적 프로그램과 저명인사의 강의를 통한교육과정 및 총회와 운동, 사교 등으로 진행되었다.

수양회와 강연회를 수시로 개최해 일반 여성의 사회의식을 고취시켰다. 이러한 모임을 개최하는 YWCA 연합회의 첫째 목적은 여성의 의식개혁을 위한 문맹퇴치운동이었다. 이 운동은 한국의 실정에 맞는 실질적인 것이었다. 여성들의 문맹으로 인해 민족과 국가의 발전이 저해된다고 생각한 그들은 가정에서 자녀의 양육을 맡고 있는 여성이 먼저 신문물을 받아들여 의식을 개혁해야 국가와 민족이 발전한다는 논리였다. 이러한 인식하에 YWCA 연합회는 야학과 각종 강습소를 설치했다. 주로 지부를 통해 이러한 활동이 이루어졌으며, 연합회에서는 하령회와 총회를 통해 총괄 지도했다. 야학에서 가르친 과목은 한글, 산수, 음악, 성경 등의 기초과목이었고 이외에 영어와 편물을 가르치는 곳도 있었다. 여성들은 야학과 강습소에서 민족의 현실과 여성이 배워야 한다는 것을 깨달았다.

둘째 목적은 여성 권위회복을 위한 축첩과 조혼금지, 공창폐지운동이었다. 남녀동등을 부르짖기 전에 먼저 여성의 권위부터 회복하자는 인식하에 시작된 운동이다. 이 문제는 하령회를 개최할 때마다 항상 중요한 안건으로 제시되었으며 강연을 통해 계몽활동을 벌였다. 셋째 목적은 위생법, 육아법, 요리강습과 간편한 의상과 우의 연구 등에 대한 여성생활개선운동이었다. 이것은 주로 강습과 강연을 통해 이루어졌다. 그밖에 여성운동 이외에 민족운동에도 적극적으로 연대했다.

예를 들어 1920년대 초반에 활발하게 전개되던 물산장려운동에도 참여하였으며 조선여자기독교절제회와 연대해서 금주·금연 운동도 함께 전개했다. YWCA 연합회는 기독교의 복음을 내걸었지만 실제적인 활동은 민족운동과 여성운동이었다. 그것은 한국 여성으로서 한국인이 처한 현실을 부정할 수 없었기 때문이다.

근우회 조직배경과 초기활동

1923년 민족주의 세력을 대표하는 기독교 여성들은 전국적 여성조직인 YWCA 연합회를 창설하여 활동했으며, 사회주의 세력은 1924년에 조선여성동우회를 조직해 활발한 활동을 전개하고 있었다. 그러다가 1927년 5월, 두 세력은 서로 연합해 근우회를 창립했다. 이렇게 민족·사회 양 진영이 모일 수 있었던 사회적·시대적 배경은 어떠하였을까?

1919년 3·1운동 직후 한국 교회는 지향하는 바에 따라 두 노선으로 근우회 조직배경과 초기 활동 양립했다. 하나는 김익두, 길선주, 이용도 등에 의해 주장된 초월적 시비주의 신앙운동이었다. 이 운동은 3·1운동의 실패로 패배주의적이고 허무주의적인 사회분위기에서 창출된 기적과 이적을 동반한 열광적 부흥운동이었다. 다른 하나는 3·1운동에 참여했던 기독교 지성인 및 지도급 인사들에 의해 주도된 민족개조론운동이었다. 즉 3·1운동이 실패한 것은 우리 민족의 힘이 약하기 때문이며, 이러한 힘을 키우려면 실력을 키워야 한다는 것이었다.

1927년에 결성된 신간회의 초대 의장을 역임했던 이상재는 현실개조론이란 하나님의 뜻으로 하나님이 사람을 택하고 명령한 후 회오悔悟를 하게 해 개조가 이루어진다고 보았다. 이러한 사고방식은 1919년 3·1운동 직후 항일운동단체에 참여했던 기독교인들을 자연스럽게 현실개조운동, 즉 실력양성운동으로 전환하게 했다.

한편 사회주의 진영에서는 민족주의 진영과의 차이를 분명히 하기 위해 1923년부터 반기독교운동을 전개했다. 사회주의자들의 반기독교운동은 일제 식민지 통치기간 동안 두 차례에 걸쳐 이루어졌다. 1차 반기독교운동은 1923년에서 1926년에 걸쳐 전개되었으며, 2차 반기독교운동은 1929년에서 1933년까지 일어났다. 반기독교운동은 한국 교회가 민중과 함께 해야 하는데 그렇지 못하다는 것이었다. 이에 대해 기독교 내부에서도 이를 냉소적으로 바라보는 부류와 적극적으로 수용하려는 부류로 갈렸다. 그러나 이를 적극적으로 수용해 민중과 함께 해야 한다는 입장을 가진 인물들에 의해 한국 교회도 사회주의 진영과 손을 잡을 수 있는 분위기로 나아갔으며, YWCA와 YMCA 등과 같은 사회종교단체에서도 반기독교운동에 대해 일면 타당성을 인정하고 교회도 민중과 함께 해야 한다는 자성을 촉구하는 목소리를 높였다.

사회주의 진영에서는 반기독교운동을 통해 민족주의 진영과의 차별성을 내세웠지만 1924년 코민테른 집행위원회에서 '민족혁명투쟁의 연합전선 설립에 전력할 것'을 강조했다. 이어 1925년 조선문제에 대한 1차 의정서에서 '민족혁명당의 건설'이라는 문제를 제기하자 민족주의 진영과의 연합을 도모하기 시작했다. 이러한 배경하에서 1926년 정우회 선언이 발표되자 사회주의 진영은 민족주의 진영과의 협동전선을 구체화시켰다.

여성계도 이러한 흐름을 함께했다. 민족·사회 양 진영이 자연스럽게 모인 것은 1927년 1월 중순 전문직 직업여성단체였던 망월구락부 1주년 기념모임에서였다. 이 모임에서 종전의 친목적 모임에서 탈피해 좀 더 의미있는 모임으로 발전시키자는 안건이 나와 발기인과 발기총회 준비위원이 구성되었다. 이 자리에서 선출된 발기인단에는 민족·사회 양

근우회 발기회 모임

진영이 모두 포함되었으며 기독교계 여성들이 대거 참여했다.

1927년 2월 14일 망월구락부의 전반적인 흐름과 맥을 같이해 재경동경여자유학생친목회가 창립되었는데, 이 모임에서 외국여자유학생 친목회를 개최하기로 결정했다. 이와 같은 모임은 민족·사회 양 진영 모두 자연스럽게 모여 전 한국 여성의 문제를 토의할 수 있는 계기가 되었다.

이 친목회의 주최로 1927년 4월 16일 각국의 여자 유학생 60여 명이 조선일보사 후원으로 조선일보사 2층에서 모임을 가졌다. 이 모임에서 범여성적인 전국 여성기관을 조직하자는 의견에 대해 만장일치로 합의해 유각경 외 12명을 준비위원으로 선출했다. 12명의 준비위원은 40명의 발기인단을 구성해 같은 해 4월 26일 서울 중앙유치원에서 발기총

근우회 창립총회

회를 개최하고 모임명을 '근우회'로 결정했으며, 여성의 지위향상과 단결을 위해 힘쓰자는 연설로 나아가야 할 방향을 제시했다. 그리고 이 자리에서 15명의 창립준비위원회를 선출하고 폐회했다. 그 후 4회에 걸쳐 근우회 창립총회를 주도면밀하게 준비했는데, 1회 창립준비에서는 준비사무를 효율적으로 처리하기 위해 부서를 정하고 역할을 분담했다. 2회 창립준비에서는 임시사무소 설치를 서울 중앙예배당으로 할 것, 취지서 및 규약 통과 등을 결정했다. 채택된 강령은 조선여자의 단결과 조선여자의 지위향상을 도모한다는 내용이었다.

이렇게 해서 1927년 5월 27일 서울 종로 기독교청년회관에서 근우회 창립대회가 열렸다. 신출된 임시집행위원은 8개 항의 의안을 채택하고 취지서·2대 강령·규약 및 선언 등을 결정했다. 그리고 마지막으로 중앙집행위원을 선출했다.

근우회는 창립 이후 초기에 가장 주력했던 사업은 여성지도자 훈련을 위한 프로그램, 재정 마련을 위한 기부금 모금 및 자체 수익사업, 지회 설립을 통한 전국 여성 단일단체로서의 정비, 민족운동 지원 등이었다. 이를 위해 매월 15일을 근우회 선전일로 정해 다양한 프로그램을 운영했다. 첫 번째는 여성지도자 훈련을 위한 프로그램으로, 부인강좌·토론회·강연회 등이 있었다. 부인강좌는 1927년 7월 7일부터 시작하여 2주 동안 개최되었다. 강좌 과목은 경제학·논리학·사회학·신문학·조선역사·부인문제·음악·회의진행법 등이었다. 회의진행법 등과 같은 강좌내용은 여성지도자들의 실전 훈련을 위한 프로그램의 일환으로 준비되었다.

두 번째는 근우회 활동을 위한 재정마련 운동이었다. 이를 위해 기부금 모금 및 자체 수익사업에 힘을 기울였다. 회비를 받고는 있었지만, 회비만으로는 근우회를 운영할 수 없었기 때문에 기부금 모금과 자체수익사업을 할 수밖에 없었다. 기부금 모금은 다른 사회운동단체에서 행사를 개최할 때 그 행사장에서 근우회를 선전하면서 지원을 부탁하는 방식으로 이루어졌다. 이러한 활동으로 사무기기 등을 지원받았다.

세 번째는 회원 확보 및 관리와 지회 설립을 통한 조직정비 활동이다. 출범 초기부터 조직정비를 위해 회원 확보에 많은 힘을 기울였다. 확보된 회원을 관리하기 위해 중앙집행위원이 전 회원의 가정을 방문했으며, 친목회·간친회·망년회·음악회 등의 개최로 친목을 다지면서 공동 의식을 가질 수 있도록 노력했다. 동시에 지회 설립을 위해 심혈을 기울였다. 또한 근우회 1차 집행위원회에서는 지부 설치에 관한 건을 결의한 후 지부규약 기초위원으로 황신덕, 김활란, 이현경 등 3명을 선정했다. 여기서 평양지회 설치에 관한 건이 제출되었으나 실제로 가장 먼저 설치된 지회는 전주지회였다. 근우회에서 평양지회 설치에 가장 먼저 관심을 가진 것은 평양이 관북과 관서를 대표하는 중심도시이며 민족운동의 중심지였기 때문이다.

마지막으로는 민족운동의 지원을 들 수 있다. 이 활동은 각 학교 맹휴사건에 대한 진상조사와 지원 등으로 이루어졌다. 예를 들어 1927년 5월 27일 숙명여자고등보통학교에서 일제의 식민지 여성교육정책 등에 반대해 맹휴에 돌입했을 때, 근우회에서는 현덕신·김선·심은숙 등을 조사위원으로 선정해 파견했다. 중앙고등보통학교 맹휴 때에도 진상조사위원으로 심은숙과 박호진을 선정해 대안을 모색하고자 하였다. 이외에 경북제일고등보통학교의 맹휴에서도 정기 집행위원회에서 철저한 조사를 하기로 결정했으나 일제의 방해로 무산되었다. 이렇게 근우회 창립 초기 1년 동안 민족·사회 두 진영의 여성은 합심해 여성과 민족을 위한 다양한 사업을 전개하고 모색했다.

근우회 평양지회 조직과 활동

평양은 일제하에서 경성 다음으로 큰 도시였다. 그리고 여성운동이 활

평양의 대화정 신거리

발한 곳이었다. 그래서 근우회에서 경성 다음으로 선택한 활동지역이 평양이었다. 그 과정에서 중심적 역할을 담당한 핵심인물이 조신성이다. 그는 평양에서 교육사업가, 기독교 중진으로 명망이 높았다.

《개벽》 1924년 9월호에 관상자가 쓴 〈평양인물백태〉에 조신성이 포함되어 있는데 관상자는 평양에서 인적·물적으로 가장 큰 세력은 기독교라고 하면서 다음과 같이 우스갯소리를 했다.

> 평양이야말로 목사님도 많고 장로님도 많다. 교회에 가면 물론이거니와 서점에 들어가도 목사·장로, 포목전에 들어가도 목사·장로, 연회에 들어가도 목사·장로, 뱃놀이를 해도 목사·장로, 냉면집에 들어가도 목사·장

평양 장대현 교회

> 로, 심지어 기생 집에 들어가도 목사·장로, 간통소송자도 장로, 고리대금업자도 목사·장로이다. (중략) 평양은 진짜 교회의 목사·장로가 그렇게 많다.

그러면서 여성계에서는 조신성과 황애덕 등을 꼽았다. 조신성은 출옥한 지 얼마 되지 않아 쉬고 있을 때였으나 그는 전술한 바와 같이 취명학교에서 교육사업에 매진하면서 근우회 평양지회가 설립되는 데 중요한 역할을 담당했다.

평양지회 설립을 위한 모임이 시작된 것은 1927년 12월 24일이었다. 이날 오후 7시 평양 기독교청년회관에서는 본부에서 파견된 유영준이 근우회의 취지를 설명하고 평양지회를 정식으로 승인했다. 회의는 2시간 동안 조신성의 사회로 진행되었으며, 창립대회 준비위원으로는 조신성을 비롯해 박현숙·박승일·김선경·김경옥·백덕수 등이 선출되었다.

설립대회는 1928년 1월 30일 오후 7시 30분부터 진행되었다. 장소는 장대현교회였다. 조신성의 개회로 백덕수가 취지를 설명하고 조만식과 김성업이 축사를 했다. 그리고 임시의장인 박현숙이 규약을 통과시키고 각부 집행위원을 선출했다. 참석회원은 170명에 달했으며 방청 남녀는 수백 명에 달하는 등 대성황이었다. 이날 구성된 집행위원회에서 조신성은 설립대회 대표로 활약하면서 정치부에 소속되었다. 이날 선출된 집행위원은 다음과 같았다.

정치부 : 조신성, 김경옥, 최순혜

조사부 : 박승일, 오인근, 홍덕규

교양부 : 박현숙, 신원애, 최의경

서무부 : 백덕수, 한경실, 주영숙

재무부 : 최선복, 정찬영, 박정희

선전조직부 : 김성경, 장인보, 박영선

재정서무부 : 장인현, 문창옥, 변숙영

대회 대표 : 조신성, 박현숙

조신성은 설립대회 개회사에서 “노세노세 젊어서 노세가 우리나라를 요모양 요꼴로 만들어 놓았다. 일하세 일하세 젊어서 일하세, 늙기 전에 빨리 일하세 하는 정신으로 우리 민족이 합심해 나아가야 우리 소원이 성취된다"고 하면서 전 평양 여성의 각성을 촉구했다. 조사부의 박승일은 평양 기홀병원 직원으로, 감리교 부인 중심의 애국부인회를 조직해 임시정부를 지원했는데 이러한 항일활동으로 투옥된 적이 있는 인물이다. 교양부의 박현숙은 평양지회 설립대회에서 축사를 한 김성업의 부인으로, 송죽결사대에서 활동했으며 3·1운동과 애국부인회에 가담해 활동했다. 이외에 평양지회의 임원들은 대부분 독실한 기독교 신자였으며 중등 이상의 교육을 받은 지식인들이었다. 그리고 항일여성운동에 적극적으로 참가한 경력이 있는 여성 지도자들이었다. 평양지회의 사업 목표는 전 평양 여성에게 실질적인 도움을 주면서 의식을 자각시키는 것으로 큰 목소리를 내기보다는 성실한 자세로 사업을 진행시켜 눈에 보이는 성과를 이룰 수 있는 일에 더 비중을 두었다. 그래서 사람들은 평양지회를 '유지자사경성有志者事竟成'이 아닌 '실행자사필성實行者事必成'이라고 했다.

1928년 7월 4일 집행위원회에서는 공창폐지·부인직업문제·미신타파·부인교양 등을 건의했으며, 1929년 7월 8일 정기총회에서는 회관문제·대의원선거·회관명의 대표소유자 선거 등이 있었다. 1930년 4월 제3회 정기총회에서는 전국대회, 도연합지회 설치, 회관건설 촉진, 반班조직, 회원정리, 재정방침 확립, 여성소비조합 확립, 원유회 개최, 우의단체 연락, 회원계약 등이 논의되었고 행동강령은 여성에 대한 사회적·법률적·정치적 일체 차별철폐 및 산전산후 휴양과 임금지불, 부인과 소년노동자의 위험노동 및 야업 폐지, 언론·출판·결사, 노동자와 농민의 의

료기관 및 탁아소 설치 등으로 정했다. 그리고 1930년 4월 10일 집행위원회에서는 전국대회 건의안·전국대회 대의원·부인견학단·부서 결정 등을 결의했으며 1931년 3월 28일 제4회 정기대회에서는 인근지회 촉성·재정 방침·야학 확장·대의원 선출 여성소비조합 결성·미신타파·전국대회 건의안 등에 대해 토의했다. 이와 같이 평양지회는 매년 실제적인 사업을 수행하기 위해 활발하게 안건을 건의했고 직접적인 성과에 이를 수 있도록 최선을 다했다. 조신성은 평양지회를 이끌려면 첫 번째로 평양 여성들에게 근우회의 취지를 알리는 것이 급선무라고 생각했다. 그래서 가장 먼저 한 일이 3개월 후인 1928년 4월 경성에서 개최될 대회의 대표 2명을 선출한 후 평양 여성을 결집시키기 위해 야유회를 기획하였다. 행사는 대성공이었다. 2,000여 명이 참석했던 것이다. 야유회 개최 목적은 백선행을 위로하기 위한 것이었다.

근우회 활동 당시 조신성

백선행은 1849년 12월 19일 평안남도 평양 중성 사동에서 무남독녀로 출생했다. 그러나 7세 이후에는 편모슬하에서 성장했으며 가정 경제가 어려웠기 때문에 교육을 제대로 받지 못했다. 14세 때는 안재욱과 혼인했으나 2년 후인 16세 때 과부가 되었고, 60년간 독신으로 지내면서 모은 재산을 교육사업과 사회사업에 기부했다. 백선행이 자산가가 된 것은 근검절약 탓이기도 했지만 사기꾼에 속아서 산 야산 때문이었다.

백선행

강동군 만달면 승호리 소재의 야산을 속아서 샀는데 시멘트 원료인 석회암산으로 밝혀져 일약 거부가 되었다.

사회사업은 1908년 대동군 고평면에 사재로 '백선교'를 건설하면서 시작했다. 집안을 돌봐주던 최경렴을 통해 평양 YMCA회장이자 조선물산장려회 회장인 조만식을 알게 되었는데 조만식은 백선행에게 학교와 사회 등에 재산 헌납을 권유했다. 그래서 1929년 11월 '백선행기념관'을 건축해 모든 평양민의 새로운 문화를 제공하는 데 중요한 역할을 했다. 그리하여 평양에서는 백선행의 기부를 기리기 위해 1930년 11월 '여류사업가 백선행 여사 찬하회'가 만들어졌으며 광성학교, 숭현여학교에 기념동상과 기념비가 설립되었다. 총독부에서도 이 사실을 알고 표창장을 수여하려 했으나 그는 단호하게 거절했다. 그 후 백선행이 1933년 숙환으로 세상을 떠나자 평양민들은 여성 최초의 사회장으로 장례식을 거행했다.

두 번째로는 교육사업에 힘썼다. 평양 미래 여성 교육을 담당하는 숭현여학교 재정을 돕기 위한 수익사업을 벌여 1928년 11월 10일에 백선행기념관에서 음악회를 개최해 수익금 전부를 기부했다. 이러한 활동을 본 평양의 한 기자는 "근우회 평양지회에서는 오직 조선인만으로 경영하는 숭현여학교의 재정이 어렵다는 것을 알고 전 회원이 합심으로

1천여 원을 기부해 부채를 갚게 했다. 이러한 일은 너무나 훌륭한 일이며 자산가들에게 각성과 수치심을 느끼게 해 주었다"며 칭찬했다. 그리고 무산자, 곧 가난한 사람의 자녀를 위한 교육기관을 설립하기 위해 수익사업을 벌였으며 학교교육을 받을 수 없는 평양 여성을 위해 1930년 12월에 부인야학회를 열었다.

세 번째로는 평양지회의 사업을 지속할 수 있는 공간 마련에 부심한 결과 근우회관을 마련했다. 1930년 9월, 드디어 60평의 2층 빨간 벽돌집을 회관으로 마련할 수 있었다.

네 번째로는 여성 실업의 장려를 위해 1930년 12월 여자실업장려회를 조직하고 실제적인 사업으로 메리야스 공장 설립을 기획했다.

평양지회가 현실 생활에 도움을 줄 수 있는 사업을 수행할 수 있었던 것은 조신성의 지도력 덕분이었다. 당시 평양의 한 기자는 회관을 완성할 수 있었던 것은 위원장 조신성 여사의 헌신과 열정, 이에 감동한 회원의 열성에 따른 것이라고 평가했다. 목표를 위해 한 걸음 한 걸음 나아가는 성실한 자세와 노력은 조신성이 추구했던 사업 방법이었다. 즉 평양지회가 1930년대 중반까지 계속 사업을 수행할 수 있었던 것은 조신성의 지도력 덕분이었다.

근우회 본부 집행위원장에 선임

평양에서 지도력을 인정받은 조신성은 1930년 근우회 전국대회에서 위원장으로 선출되었다. 전 조선 여성의 단결, 즉 협동전선론의 기치를 걸

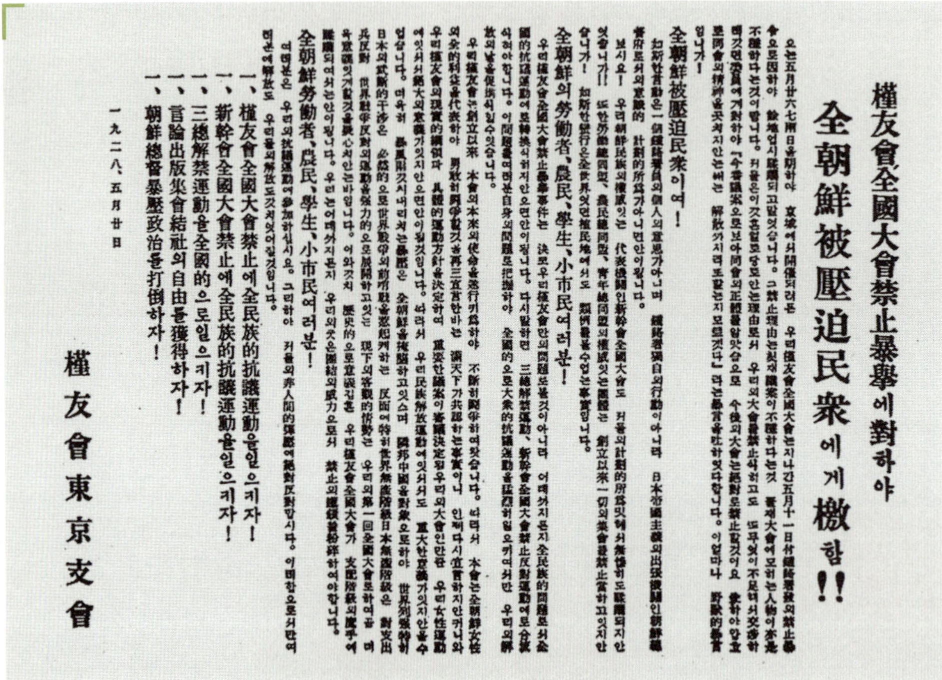

權友會全國大會禁止暴擧에對하야

全朝鮮被壓迫民衆에게檄함!!

全朝鮮被壓迫民衆이여!

全朝鮮의勞働者、農民、學生、小市民여러분!

全朝鮮勞働者、農民、學生、小市民여러분!

一、權友會全國大會禁止에全民族的抗議運動을일으키자!

一、新幹會全國大會禁止에全民族的抗議運動을일으키자!

一、三總解禁運動을全國的으로일으키자!

一、言論出版集會結社의自由를獲得하자!

一、朝鮮總督暴壓政治를打倒하자!

一九二八、五月廿日

權友會東京支會

근우회 전국대회 금지 조치에 항의하는 근우회 동경지회 격문(1928. 5. 20)

고 출범한 근우회는 1928년 5월 정기대회 개최를 전후로 하여 사회주의 노선으로 편향되기 시작했다. 토의내용이 모두 전 조선 여성의 사회주의화를 달성하기 위한 전술과 관련된 것이었다.

근우회는 1928년 중반기부터 좌편향적인 입장을 표면화했으며 1928년 7월 임시대회를 기점으로 중앙집행위원이 대부분 사회주의 진영으로 바뀌어 완전히 좌익화되고 말았다. 이후 본래 내걸었던 전 조선 여성의 단결이라는 강령의 의미를 상실했다.

근우회 노선이 좌익화되어 가는 가운데 사회주의 진영 내부에서도 갈등이 발생했다. 1928년 5월에 개최하기로 예정된 정기대회가 일제에 의해 취소되면서 일어났는데, 조선총독부는 근우회가 정기대회 때 토의하기로 한 안건이 불온하기 때문에 대회를 허락할 수 없다고 강경하게 나왔다. 이에 대해 근우회 본부에서는 총독부에 교섭위원을 보내 토의안에 대해서는 언급하지 않을 테니 대회를 허락해 줄 것을 요구했다. 총독부에서는 이 약속을 받아들여 정기대회 대신 7월 임시대회를 허락했다.

이와 같은 근우회 본부의 태도에 대해 동경지회에서는 거세게 항의하며 '근우회 임시대회에 대하여'라는 성명서를 발표해 근우회 본부를 비난하자, 근우회 집행위원들은 총회에서 동경지회에 대해 정권처분안을 제출할 것을 결정했다. 임시대회는 예정대로 경운동 천도교회관에서 7월 14일 밤부터 시작해 16일 오전 2시 반까지 진행되었고 대회 첫날인 14일에는 동경지회 정권처분에 대한 토의가 진행되어 만장일치로 정권처분을 결정했다. 집행부 측에서는 동경지회의 성명서 발표건에 대해 성명서 혹은 신문지상에 사과 발표를 할 것을 요구하고 임시대회와 본부 간부에 대해 사과할 것 등을 명령했다. 그리하여 동경지회 대표 양봉순이 사과를 한 후 동경지회 사건은 일단락되었다.

사회 일반의 최대 관심사로 떠올랐던 근우회 임시전국대회는 본부측과 지회측 간의 의견충돌로 나쁜 이미지만 남긴 채 막을 내렸다. 당시 《조선일보》는 근우회의 임시대회 광경을 이렇게 표현했다.

별러서 이 대회에 참석하려고 물과 산을 넘어서 온 지방 대의사들은 이

대회에서 무엇을 얻었으며 또 무엇을 배웠는가 결국은 최고 간부들이 추태를 연출하고 말았다. 그들은 대의석상에서 열변을 토했으며 최후까지 싸웠다. 그러나 누구를 위하여 싸웠는가. 조선의 여성 대중을 위하여? 운동방침을 위하여? 아니다. 알 수 없는 일면이요 이해할 수 없는 싸움이다.

최정희도 당시의 분위기를 이렇게 전했다.

사회주의 여성의 일부는 근우회를 가지고 정치적 ×쟁보다 조선 여성대중의 계몽운동에 주안점을 두자는 것을 주장하고 조선 여성 대중은 일반적으로 보면 아직껏 문화의 수준이 낮고 따라서 모든 것에 자각이 없음으로 급격한 정치적 투쟁을 개시하는 것보다 먼저 계몽운동에 일층 힘들이고 정치운동은 계단적·점진적으로 하지 않으면 안 된다고 그들은 주장하여 왔다. 또 그들은 정치적 투쟁은 먼저 현하 조선에 있어서 객관적 정세가 용서하지 않는다고 말했다.
신간회 운동에 있어서 조선사회운동자가 어떠한 ××적 오진을 범행한 것과 같이 사회주의 여성도 근우회의 운동을 자계급 운동에 큰 손해를 주었던 것이다. 이러한 관계로 1928년 봄에 동경지회는 목포지회와 제휴해서 근우회 본부에 반성을 촉진시켰다.
이것이 원인이 되어 전선적으로 좌익과 우익의 논전이 있었으며 또한 중립에서 근우회의 헤게모니를 잡으려는 사회민주주의 여성의 활동도 비상했던 것이다.

근우회 총대 중앙위원회 회의 광경

이러한 분위기에서 1928년 임시 전국대회를 끝으로 근우회는 침체되기 시작했으며 임시 전국대회 이후 기독교 여성들은 대부분 탈퇴했다. 근우회의 편향된 노선은 전 조선 여성의 입장을 대변하지 못했던 것이다. 그리하여 더 이상 침체를 막을 수 없는 상황에 이르게 되었다. 이에 대한 자구책으로 민족주의 여성의 지도자인 조신성을 대표로 선출했지만 근우회의 침체는 막을 수 없었다. 조신성의 뛰어난 지도력으로도 감당할 수 없었던 것이다. 1931년에 들어서면서 근우회는 해소파와 반대파 간의 갈등이 생겨 서로 합의점에 이르지 못한채 일제의 탄압정책으로 인해 해체되고 말았다.

조신성은 그럼에도 불구하고 좌절하지 않았다. 1936년 《동아일보》와의 대담기사에서 알 수 있다.

> 여성 단합의 기운이 최근 침체 상태이며, 근우회가 법적 해소도 없이 자연히 침체하는 바람에 560명의 회원 연락이 끊겼다. 그러나 그것은 표면상의 일일 뿐 그 정신만은 더욱 굳어져 있는 것으로 생각한다. 이제 명목을 달리 해서라도 여성들의 결합체가 새로 조직되려는 최근 신기운이 농후하니, 곧 출현할 것으로 믿는다.

그러나 근우회 중앙본부는 해체되었어도 근우회 본부 및 각 지회에서는 근우회 해소에 대한 의견이 분분했지만 평양지회에서만 현실적인 운동에 충실했으며 근우회 중앙본부의 해체 후에도 여전히 활동을 지속했다. 이러한 활동이 가능했던 것은 조신성의 지도력과 회원들의 열정 때문이었다.

1931년 2월에 발간된 동광 제 19호에는 여걸 〈조신성전〉이라는 기사가 게재될 예정이었으나 사전 검열에 걸려 삭제되어버렸다. 《조선출판경찰월보》 제 30호에 실린 삭제 기사의 요지는 다음과 같다.

> **1. 여걸 조신성전(근우회 중앙집행위원장)**
>
> 그는 일찍이 교육회에 몸을 투신하여 수천 명의 제자를 교육하고 3·1 운동을 전후하여 평남 일대에서 수천 동지를 이끌고 남자도 미치지 못할 모험적이고 맹렬한 활동을 한 여사이다. 52세에 평양 감옥에서 나온 이래 여전히 변함없이 기개와 의지를 굽히지 않고 근우운동에 가세하여 활동

을 계속하고 있다.

3·1운동의 직전 조선 천지에는 묵직한 저기압에 둘러싸여 장래의 대사업을 예상하고 있던 당시에 여사는 평남 맹산을 중심으로 하여 각지의 동지를 규합함과 동시에 상해의 임시정부와 연락하여 간도 방면에서 무기를 밀수하여 지하활동을 개시했다. 수만의 군자금을 수합하고 인쇄기계 등을 구입하여 격문을 인쇄 배포하고 가슴 속에는 폭탄과 권총을 숨기고 있었다는 점에서 여사의 용감한 활동의 일면을 엿볼 수 있다. 일찍이 여사가 나신탁羅信濁이라는 경관에게 체포되었을 때 시국에 대해 간절하게 경관을 설복하여 마침내 그가 자신의 부하가 되어 시키는 일을 하겠다는 승낙을 받았고 결국에 ○○단원과 내응하여 현금을 수송하는 배달부 호송 경관을 죽인 죄로 현재 평양감옥에 복역중이라고 하는 사실에서 추측컨대 그가 부하를 통솔하는 역량이 있음을 알 수 있다. 그가 만일 독립국가의 남자로 태어났다면 반드시 정권을 장악했음에 틀림없다. 그러나 여자로 태어난 이상 조선에 태어난 편이 오히려 행복인지도 모른다. 조선은 이와 같은 여성을 필요로 한다. 이 사람이야말로 현대 조선이 요구하는 인물 중의 한 명이다. 과거와 현재를 통하여 볼 때 그에게 여걸이라는 호칭을 부여하지 않을 수 없다. 운운

동광 제19호/ 잡지 국한문/ 1931년 2월 16일/ 경성/주요한

1932년 3월 22일에 평양에 고아원을 건립하기 위한 찬성원 총회가 개최되어 평양의 여러 인사들이 모여 고아원 건립을 의논했을 때도 조신성은 건축비 모금에 앞장섰다.

회갑 축하연과 동우회 후원

평양 유지들이 개최한 회갑 축하연

조신성은 여성운동가이며 교육사업가, 사회사업가로 활동하며 평양뿐 아니라 전국적으로도 유명한 여성지도자가 되었다. 1934년 9월 20일, 평양에서는 유지들이 발기하여 가을바람에 낙엽이 잔잔하게 떨어지는 구름 한 점 없는 맑은 초가을 날에 평양 모란봉 바로 앞 대동강변에서 그의 회갑 축하연이 성대하게 열렸다. 이 날 참석한 인원만 150여 명에 달했으며 축하장소에는 만국기가 휘날렸다. 발기인의 한 사람인 박현숙에 의해 축하연이 진행되었고 개회를 선언하자 아악대 연주가 식장 안에 울려퍼졌다. 5분 동안의 연주가 끝나자 박현숙은 다음과 같이 조신성의 60년 인생을 칭송했다.

조신성여사 회갑 축하대

육십년 동안 기나긴 세월을 하루 같이 오직 조선 민족, 조선 여성을 위하여 침식을 가리시지 않고 정신과 육체를 받쳐 온 조선생에 대하여는 누구나 다 아시므로 길게 말씀 드릴 필요가 없거니와 선생이 이루신 바 공적, 그 백절불굴하신 사상의 관철로 생각한다면 오늘이 자리의 모임이 더 없는 필연의 것이오, 으레 이보다도 더 성대히 선생을 모셨어야 할 것인줄로 생각합니다.

이어서 최윤옥이 조신성의 출생 이후부터 오늘에 이르기까지의 경력을 소개했다. 그 다음 김용복이 기념사를 했다. 축사는 오기선, 조만식, 옥어진, 김인구, 이용인, 커틀러Mary M. Cutler 등이 맡았다. 오기식과 조만식의 축사는 다음과 같았다. 먼저 오기식은 조신성을 다음과 같이 치하했다.

趙信聖女史 回甲祝賀會

민족사업에 바친 六十평생 平壤各界人士發起로

【평양】 사회각방면 인사 三十七명의 발기로 오는 二十일 조신성(趙信聖)여사의 회갑축하회를 열기로되어 방금 준비중이라한다.

조신성 여사는 일직 五十년전 二十七당년부터 몸을 사회에 바쳐 오늘에 이르기까지 오로지 六十평생에 「나」를 잊고 민족사업에 공헌하고 있는니로 수하에 一점혈육이나 원근 친척도없이 오직 조선을 남편으로삼아 온지라 이

趙聖信女史— 回甲祝賀宴

◇백五十여명 회합으로 二十日에盛大히開催

臨終때子孫에게 債權萬六

그리고 茂

조신성 회갑 축하 《동아일보》 보도기사

선생은 선지자요, 선진자요, 선각자이십니다. 남이 모를 때 선생은 아셨고 남이 누웠을 때 선생은 이미 일어나셨고 남이 앉었을 때 선생은 걸으셨고 남이 쉬었을 때 선생은 준비하셨더란 말입니다.

먹는 것, 자는 것, 입는 것 모든 생활의 요소를 가리지 않으시고 철두철미로 우리 민족을 위하여 일하신 선생에게 충심으로 치하를 올립니다.

조만식은 평양 여성계의 선구적인 면모를 이야기하면서 축사를 진행했다.

우리 평양은 누가 말하기를 여자 왕국이라고 합니다. 과연 그 말대로 가만히 일꾼을 헤아리매 대부분이 여자인 것을 알겠고 그것을 생각하매 남

자 된 나로서는 대단히 불유쾌하기도 하며 혹 일종의 야심까지 생기는데 또 이렇게 선생의 회갑을 축하하는 모임이 있고 보니 더욱 마음이 좋지 않습니다.

여기에 다시 한 번 생각하매 무엇으로 하여금 그를 숭배하며 그를 앙모하게 되었는가 하면 그는 재산이 있는 이도 아니오, 또 그렇게 무슨 학식이 많은 이도 아니오, 또는 뭐 그렇게 굉장한 업적을 남긴 이도 아님에도 불구하고 그에게 경하하는 뜻을 갖지 않으면 안 될 조건이 어데있는가?

말하면 그것은 오직 그의 '사상', 그것은 너무나 크고 너무나 굳고 너무나 무거운 그의 사상, 그것이 그에게 있는 것이오. 또 하나는 '열생'이 그에게 있는 때문이라고 나는 생각합니다.

누가 그의 '조신성' 이라는 이름을 '早晨星' 이라고 한 것을 보았는데 과연 선생은 이른 아침에 깬 사람이오. 깨어서는 그 뜨거운 정성으로 자기의 사상을 관철하기에 노력하신 분이라고 생각합니다. 지금뿐만이 아니라 앞으로도 부절하신(중단없는) 선생의 노력과 사업이 계속되시기를 빕니다.

축사가 끝난 후 《동아일보》에서 보낸 축사문을 참석한 기자가 낭독했다. 이어서 김선경이 축전·축문 등을 낭독했다. 소박한 옷차림에 안경을 쓴 조신성은 답사로 고마움을 표시했다.

겸양이 아니라 내가 이루운 일이라는 게 없고 보잘것 없는 이 사람이거늘 이처럼 칭하하심은 결국 조선에 사람이 귀하다는 것과 무엇보다도 조선에서 사업이 이렇게 귀하다는 것을 말하는 것이니 오히려 비애를 아니 느

낄 수 없습니다. 내가 사람으로 태어날 때 하필 조선, 일거리 많은 이 조선에 태어난 건만은 더없는 천행이었다고 생각하지만 그 일터에 알맞은 일꾼이 되지 못하니 오직 부끄러운 것뿐이외다.

다만 나는 이 자리에서 솔직하게 자백하건대 부끄럽지 않다고 생각하는 것은 육십 평생에 비가 오거나 눈이 오거나 춥거나 덥거나를 막론하고 그런 것을 가리어 내가 맡은 바 공사를 저버린 적이라고는 없는 것이외다. 이것이 나의 육십 평생을 지배한 나의 신조요 기운이었으나 오늘에 이르러 이룬 바 사업이 없으니 슬프지 않을 수가 없습니다.

더구나 내 가슴에 경륜이 있고 포부 있을지나 오늘이 환갑이라니 앞날이 머지 않으며 용기 스스로 꺾이지 않음은 아니나 나는 이 자리에서 단연코 내 나이에서 사십 년을 떼어 팽개치고 단 이십 당년의 청년으로서 다시금 조선의 일터에 돌진하려는 것입니다.

감동적인 답사가 끝나고 친족 대표 최명익의 치하사가 있은 후 축하연은 끝이 났다. 그리고 즐거운 여흥이 뒤따랐다. 《신동아》에서는 이러한 기사와 함께 조신성의 일화, 인터뷰를 실었다. 1934년 당시 조신성의 건강 상태는 매우 좋았다. 밥도 한 그릇씩 꼭꼭 먹었으며, 흰 머리도 없었다. 그리고 치아도 건강했다. 다만 맹산독립단 사건으로 수감되었을 때 눈이 좀 상해서 안경을 쓰고 다니는 것뿐이었다. 그리고 조신성은 걸어다니는 것을 좋아하고 탈 것을 싫어해 평양부 내에서 고육원까지 약 10리, 취명학교까지 약 50리를 앞뒷집 드나들 듯이 걸어다녔다.

세인들은 이를 보고 '철의 다리'라고 불렀다. 그리고 고모의 재산으로 장만한 생애 처음 가져본 집은, 지은 지 9년이 지났으나 7일 동안 계속해서 집에서 자 본 적이 없을 정도로 열성적으로 일했다. 그는 근우회 평양지회 아래층에 있는 작은 방에서 기거하며 일에만 매진했다. 또한 조신성의 성격은 매우 적극적이고 활달했다. 어떤 자리에 있든지 말하기에 주저하지 않았다. 한 번은 근우회 주최로 강연을 하고 있을 때 어떤 청년이 야유를 보내자 당장 강단에서 쫓아 내려가서 때렸을 정도로 강단 있는 여성이었다.

조신성을 인터뷰한 기자가 "선생님 뱃심이 상당하셨던 모양이시구먼요!"라고 묻자, "나요! 내가 여태껏 살아온 것이 오직 그 뱃심 하나로 – 어떻든지 나는 남자가 있든 어떤 좌석에서든 하고 싶은 말은 하고야 마니까 – 오직 그 뱃심이 내 무게였지오!"라고 대답했다. 조신성의 배짱은 그의 신념에서 나온 것이었다.

동우회 후원

조신성은 1934년 이후 대동군 대보산 중턱에 자신의 소유지 땅에 안창호를 위한 산장을 지었다. 안창호는 이 곳 대보산장을 무척 사랑하였다. 동우회 회원의 휴양지 겸 회의장소로 사용된 이곳은 '송태산장'이라 불리웠다. 안창호는 1932년 4월 윤봉길 상해 홍구공원 의거에 연루되어 일본 경찰에 체포되어 중국 상해에서 국내로 압송되었다.

임시정부 국무령이던 김구는 독립운동의 새로운 방법이 필요하다는 것을 절감하고 한인애국단을 조직하고 이봉창 의거와 윤봉길 의거를 계

윤봉길 의거 현장인 홍구공원 축하식장

획했다. 1932년 정월 이봉창을 일본으로 밀파해 일본 황성 앞에서 폭탄을 던지게 했고, 4월 29일 상해 홍구공원에서 일본의 상해 침공을 축하하고 일본 천왕의 생일 축하식장에서 윤봉길에게 폭탄을 던지게 했다. 김구 이하 임시 정부 요인들은 미리 피신했으나 안창호는 이유필의 아들과의 약속 때문에 피신하지 못했다.

상해에 있는 소년동맹은 해마다 축하행사를 벌였다. 경비는 모두 십시일반으로 충당했는데 안창호도 소년동맹의 간부인 이유필의 아들, 곧 이만영에게 2원을 지원하겠다고 약속한 바 있었다. 그 약속을 지키기 위해 이유필의 집을 방문했던 날 체포되었다. 심문 결과 안창호는 직접적인 관련이 없다는 것이 확인되었지만 상해 일본 영사관 경찰은 안창호를 국내로 압송, 1932년 6월 7일 인천항에 도착했다. 그 후 치안유지법 위반이라는 판결을 받고 옥고를 치른 뒤 1935년 2월 10일 대전형무소에서 가출옥했다.

가출옥 후 그는 고향에 들른 다음 국토순례에 나섰다. 호남의 광주, 순천 등지와 영남의 대구, 부산 등지를 두루 돌아보았다. 마지막으로 평안북도를 다녀온 후 송태산장에 들어갔다. 주요한에 따르면 이곳은 평안남도 대동군 대보면 대보산 속에 있었으며, 어떤 동지가 구입해서 기부했다고 한다. 《삼천리》 기자와 안창호가 1936년 12월 대담한 다음의 기사를 보면 여기서 가리키는 동지가 조신성이다.

재판장으로 호송되는 안창호

> 당국과 경찰당국 말이 도중에서 지체하지 말고 원적지로 속히 돌아가라는 것이었으니까 작년 2월에 나왔을 때에도 더 머물고 싶은 것을 겨우 서울에서 하룻밤을 쉬고 평양으로 내려갔다가 내 고향에 가 있었고 그러다가 병을 위하여 절간 같은 조용한 곳에 가 있는 것이 좋겠다는 의사의 권유로 마침 평양에서 한 50리 되는 대보산 산속에 조신성 여사의 소유되는 산가山家가 그곳에 있기에 그리로 옮긴 것이었소.

가출옥한 안창호를 환영하는 여운형과 조만식

송태산장에서 미래 독립된 한국의 꿈을 실현하기 위해 안창호는 여러 가지 일을 계획했다. 그러나 1937년 봄, 안창호는 '동우회 사건'으로 일본경찰에 다시 체포되었다. 이때 약 150명이 검거되었다.

일제는 1929년 세계대공황으로 일본경제가 타격을 받자 이를 위한 타개책으로 1931년 만주를 침략한 '만주사변'을 도발한다. 이후 일제는 1937년 중일전쟁, 1941년 태평양전쟁으로 전쟁을 확대시켰다. 이러한 일련의 전쟁 상황에서 일제는 한국을 자신들의 침략전쟁의 병참기지화하려는 정책을 실시했다. 이와 함께 내선일체를 표방하면서 황국신민화 정책을 대대적으로 추진했다.

1937년 12월 일본 각의는 황국신민화정책을 위한 방침으로 조선교

조신성 소유의 산가로 안창호가 거주했던 대보산 송태신장

육령의 개정, 육군지원병제도의 창설, 창씨개명의 실시, 국민정신총동원 조선연맹의 결성, 경찰주재소를 중심으로 한 각종 시국좌담회의 개최 등을 결정했다. 이 시기 개정된 3차 조선교육령에서 '국민'을 '황국신민'으로 고치고 천황중심주의를 표방해 황국신민화정책을 적극적으로 뒷받침했다. 또한 신사를 중심으로 애국반이 편성되고 신사참배, 궁성요배, 국기게양, 황국신민서사 제창 및 근로봉사의 월례행사 등이 강요되었다. 각 가정에는 강제로 신붕神棚을 설치하게 했으며 의세신궁伊勢神宮 부적을 강제로 배포했다. 감시대를 조직해 매일 아침 배례를 잘했는지 사찰하고, 애국반원 중에 밀고자를 만들어 주민들의 동태를 보고하게 했으며 곡물이나 고무신 등의 배급에 차이를 두었다. 남녀노소를 막

동우회 사건으로 검거된 안창호

론하고 일본어를 한마디라도 사용하지 못하면 면회를 시켜주지 않았다.

수양동우회는 총독부가 묵인하고 있던 단체였다. 그런데 이제는 이런 단체도 불허했다. 종로경찰서 고등계 형사로 있던 한국인이 동우회 회장 주요한을 찾아와 해산하라고 종용하자 주요한은 이사회를 열어 결정할 것이라고 전했다. 그러자 형사는 일본말로 회의를 진행하라고 강압했다. 사태가 긴박해졌음을 깨달은 주요한은 이광수에게 이 사실을 전했다. 이광수는 즉시 송태산장으로 가서 안창호를 만났다. 그러자 안창호는 자신이 상경했을 때 이사회를 소집하라고 지시했다. 그러나 위장병으로 고생하던 안창호는 상경 날짜를 계속 연기했고, 서울에서는 안창호가 오기를 기다리고 있었다. 이러한 상황에서 종로경찰서 고등계는 주요한을 비롯한 동우회 간부, 전국의 동우회 회원 150명을 체포했고 평양에 있던 안창호는 그 지역 회원과 함께 체포되었다. 경찰은 피의자들을 물고문, 학춤고문 등으로 독립운동단체라는 자백서에 강제로 도장을 찍게 했다. 최윤호·이기윤 등은 고문으로 사망했으며 김성업은 불구가 되었다. 안창호는 1937년 12월 24일 병보석으로 나와 경성제국대학 병원에 입원한 후 1938년 3월 1일 숨을 거두었다.

체포된 동우회 회원 중 41명이 공판에 회부되었다. 재판 결과는 다음과 같았다.

징역 5년 : 이광수

징역 4년 : 김종덕, 박현환, 김윤경, 주요한

징역 3년 : 김동원, 김성업, 김병연, 조명식

징역 2년 반 : 조병옥

징역 2년 : 오봉빈, 송창근, 최능진, 백영엽, 조종완, 김찬종, 김봉성

징역 2년, 3년간 집행유예 : 정인과, 장리욱, 이용설, 유기준, 이영학, 김선량, 신현모(신윤국), 이원규, 김하현, 이윤재, 김용장, 한승인, 허용성, 김항복, 오정은, 오익은, 주현측, 오정수, 백응현, 석봉련, 오경숙, 한승곤, 김배혁, 문명훤

그리고 마지막으로 일제는 1942년 조선어학회 최현배를 비롯한 30여 명을 검거해 악형을 가했다. 이것으로 국내에서 한국인들에 의해 조직된 단체는 전부 해산되었다.

조신성은 안창호가 숨을 거둔 후 영결식에 참석하고자 했다. 그런데 경찰당국에서 조만식과 오윤선에게만 상경 허가를 주고 조신성은 허락하지 않았다. 조신성은 이것이 법적으로 문제가 있다고 생각했다. 아무리 자신이 요시찰인이라 하더라도 국내 여행을 막을 권한은 없다고 생각한 것이다. 그래서 앞을 가로막는 형사들을 향해 "이놈들아! 내 배를 갈라라! 나 죽어버릴란다. 도산선생이 작고하셨는데 그래 내가 어째서 못 간단 말이냐!" 라며 꾸짖었다. 그리고 형사들을 밀치고 기차에 올라탔다.

조신성은 불의를 보면 절대 복종하지 않았다. 그 자리에서 꾸짖고 자신의 의견을 당당하게 제시했다. 그리고 절대로 좌절하지 않았다.

해방과 월남

해방

1940년 이후 중경 임시정부에서는 한국광복군을 창설해 국내 진공작전을 계획하고 있었으며, 국내에서는 1944년 여운형에 의해 조선건국동맹朝鮮建國同盟이 창립되어 해방을 준비하고 있었다. 1944년 8월 10일 경성 경운정 현우현의 집에서 여운형, 조동호, 김진우, 이석구 등이 비밀리에 회합해 조선건국동맹을 창립했다. 이들은 불명不名, 불거不居, 불문不文 등의 3불 맹서를 하고 활동에 들어갔다. 불명은 이름을 말하지 않는다, 불거는 거처를 말하지 않는다, 불문은 문서를 남기지 않는다는 의미였다. 이어 10월 경에 강령을 작성하고 부서를 설치했다.

강령

조선건국동맹 결성을 주도한 여운형

- 각인 각파를 대동단결하여 거국일치로 일본 제국주의 세력을 구축하고 조선 민족의 자유와 독립을 회복할 일
- 반추축 제국과 협력하여 연합전선을 형성하고 조선의 완전한 독립을 저해하는 일체 반동세력을 박멸할 일
- 건설부 면에서 알일체 시위를 민주주의적 원칙에 의거하고 특히 노동대중의 해방에 치중할 일

내무부에는 조동호·조우현, 외무부에는 이걸소·이석구·황운, 재무부에는 김진우·이수목 등으로 결정했다. 또한 각도 책임위원으로는 다음과 같이 선임했다.

충청도: 신표성, 김종우, 유응경, 장준

경상남도: 명도석, 김명규

강원도 : 정건화, 정재철

전라도 : 황태성

황해도 : 여권현

평안남도 : 이유필

함경남도: 이증림

함경북도: 최주봉

중앙: 이석구, 현우현, 황운, 이걸소, 김문갑

1945년 8월 15일 정오, 일본 천황은 포츠담선언을 수락한다고 발표했다. 조신성의 일관된 삶을 칭송했던 오기영은 해방을 맞이했을 때의 광경을 이렇게 표현했다.

가슴은 그냥 울렁거리고 어떻다 말할 수 없는 감격을 누를 수 없는 채 자전거를 빌려 타고 서울로 달려오고 있는 나의 얼굴에는 땀만 흘러내리는 것이 아니다. 눈물이, 그저 눈물이 자꾸만 흘러나왔다. 라디오 방송으로 일본의 항복을 알았을 뿐이라, 서울은 패잔병의 어떤 발악이 일어나고 어떤 혼란이 있을지 모른다는 의심도 없지 아니하지마는 필경 오늘 내일 쯤 아우와 조카는 감옥에서 놓여 나올 것이라는 생각에 한 시각이 바쁘다. 더위에 목이 타건마는 주막에서 물 한 모금 얻어먹기가 바빠서 그대로 자전거를 달리는 것이다. 열한 살의 기미년 생각, 그때 내 볼기짝을 후려치던 보조원의 짐승 같은 얼굴, 그 다음에도 몇 번이나 겪은 그 염라국 사자 같은 녀석의 잊을 수 없는 얼굴, 기미년에 갓 나서 방긋방긋 웃던 아우의 얼굴, 지금 옥중에서 하얗게 되어 가지고 나올 아우의 얼굴, 조카의 얼굴, 관 뚜껑을 열어젖히고 내려다보던 형님의 얼굴, 숨지기 한 시간 전까지 혁명을 말하던 매부의 얼굴. 이 모든 아픔에 지칠 대로 지쳐 버린 어머니의 얼굴, 내가 잡혀갔다 놓여 나올 때마다 나보다 더 상했던 아내의 얼굴…… 이 여러 가지 얼굴이 자꾸만 앞에 어른거려서 자전거는 돌을 피할

해방을 기뻐하는 민중

생각도 못하고 덜그럭 거리면서 달리는 것이다. 땀인지 눈물인지 분간할 수 없이 짜디짠 물이 자꾸 입술에 스치는 것이다.

해방의 날, 처음에는 사람들이 어리둥절해 했다. 만주에서 일본 교육을 받던 어린 학생들은 일본의 패전 소식을 듣고 함께 울었다고 한다. 일본인 교사가 일본 천황의 항복소식을 듣고 우니까 한국 학생도 따라 운 것이다. 그만큼 일제 교육은 철저한 세뇌교육이었다. 이러한 아이들에게 해방의 의미를 부모들이 가르쳐 주기도 했다.

당시 만주에 있던 한국인들은 일본의 항복이 무엇을 의미하는지 모르는 사람도 많았다. 사람들은 대부분 막연한 기쁨, 두려움, 기대감, 공포 등을 함께 느꼈다.

국내에서는 일본 천황의 항복소식을 듣고 사람들이 모두 거리로 쏟아져 나왔다. 태극기를 휘날리며 화물 자동차가 아는 사람, 모르는 사람 모두 태우고 만세를 부르며 달렸다. 전차는 지붕까지 사람들이 올라탔으며, 만세소리에 전차가 폭발할 것 같았다고 한다. 모르는 사이라도 서로 붙들고 반가워했다.

월남

조신성은 1925년 맹산독립단 사건으로 체포되어 옥고를 치른 후 평양에 계속 머물면서 활동을 하고 있었다. 그는 이 지역에서 여성운동 및 민족운동을 주도적으로 전개했다. 이러한 그의 활동은 널리 알려져 전술한 바와 같이 1930년 근우회 중앙본부의 집행위원장으로 선임되었다. 근우회 중앙본부가 1931년 해체된 이후에도 조신성이 주도하던 근우회 평양지회는 이와 상관없이 현실적인 여성정책을 지속적으로 전개했다. 일제 말기 그가 회갑연을 맞이했을 때 사회적인 사건이 될 정도로 그의 공적인 삶은 인정을 받고 있었다.

그러던 그가 1945년 11월 27일 밤을 틈타 월남을 강행했다. 조신성을 따르던 한 제자는 '공산당도 조선 동포'라며 이를 만류했다. 그러나 조신성은 "공산당은 내 동포가 아니야, 공산당이 무슨 사람이야, 한사람이라도 제정신 가진 놈이 남아 있어야 내 동포"라며 일언지하에 거절하고 월남했다. 일제 강점기 민족과 여성 문제를 해결하기 위해 누구보다도 앞장서서 실천했던 조신성은 자신의 활동 거점이었던 평양을 뒤로 하고 월남을 강행했다.

이에 대해 박용옥은 "그가 공산당을 동포로 보지 않았던 것은 근우회 운동의 경험과 민족유일당운동의 와해를 직접 경험한 데서 나온 의지였다"고 주장한다. 그러나 근우회의 해체는 "신간회 해소를 따라 근우회가 법적 해소도 없이 자연 침체하게 됨으로 말미암아 표면으로 560명에 달하는 회원은 전부 연락이 끊어지고 말았다"는 조신성의 설명처럼 자연스러운 것이었다. 즉 일제의 탄압정책에 의해 근우회는 더 이상 존재할 수 없는 상태에서 해체되었다고 할 수 있다. 따라서 조신성의 월남 동기를 근우회 경험에서 찾기보다는 해방 이후 북한에서 그의 경험을 살펴보는 것이 더 타당할 것이라고 본다. 즉 해방 이후 북한 지도자들의 모습과 북한체제 수립과정에서 찾는 것이 더 타당하다고 할 수 있다.

1945년 월남인의 수에 대해 외무부에서는 18만 명, 미군정보고서에는 약 26만 명으로 집계하고 있다. 대체적으로 해방 직후 약 100일이 조금 넘는 짧은 기간 동안 약 25만 명의 인구가 북한지역에서 월남했다고 한다. 이들 월남인들의 월남 동기에 대해 1980년대 이전까지는 '공산당의 만행을 피해서'라거나 '공산주의에 반대해서'로 인식했다. 그러나 1990년대에 들어서면서 이러한 인식이 매우 편협되었음을 지적하는 연구가 나왔다. 즉 이러한 인식이 고정된 것은 월남인을 대변해 온 사람들이 정치적·사상적·종교적 동기로 월남한 사람들이었기 때문이라는 것이다.

그러면서 북한 지역에서 해방시기 일찍이 월남한 사람 층에는 부일

평양에 도착한 소련군 제 25군 사령관 치스차코프를 환영하는 김일성·박헌영(1945. 8. 24)

협력자 층이 다수 포함되었다고 주장한다. 그리고 해방시기 종교적 탄압에 따른 월남인 역시 일제 치하의 친일행위나 반민족적인 사상과 행위, 사대주의 종교단체의 소유재산에 대한 재분배 정책에 대한 반기, 경제난 등의 동기와 복합되어 남하한 것으로 보고 있다. 그 다음으로 들고 있는 것이 소련군의 만행이었다고 지적하고 있다. 그러나 전술한 바와 같이 조신성이 월남한 동기는 반공사상이 아닌 김일성의 정권장악과 여성을 위한 단체라기보다는 정치적 총동원 성격이 강한 여성단체의 활동에 있었던 것으로 보인다.

김일성이 북한에 입성한 것은 1945년 8월 24일 소련군 제25군이 평양으로 들어올 때였다. 이때 러시아화된 한인 및 김일성 지지세력 등 모두 300명의 훈련된 정치행정요원이 소련군 제25군의 뒤를 따랐다. 김일성은 1946년 2월 8일 "소군이 북조선에 진주하자 인민들은 인민위원회를 조직하기 시작했습니다"라고 말했으나 실제적으로는 소련군 진주 이전부터 조만식의 주도하에 평안남도 건국준비위원회가 구성되어 있었다. 조만식은 일본인 지사로부터 전권을 이양받아 북한의 실질적 권력 중심으로서의 역할을 수행하고 있었다. 박헌영의 정치노선을 따르면서 조만식과도 제휴한 현준혁도 조만식의 리더십을 인정했다. 현준혁은 진보적 지식인과 민족주의자에게 신임을 얻었으나 소련군정사령부와 김일성의 사주로 암살당했다.

그러나 북한 지역은 평양을 중심으로 일제 강점기 사회주의 세력보다는 민족주의 세력이 더 강했다. 북한 사회주의 세력은 박헌영 주도의 서울 중심 세력을 따르고 있는 형편이었다. 또한 국내 세력기반이 없던 김일성과 그의 지지세력은 소련군의 힘만으로는 처음부터 집권할 수 없었다. 따라서 소련군은 자신들의 정책을 펼칠 수 있는 김일성을 정권수립의 주도세력으로 삼기 위해 이를 단계적으로 처리해 나갔다. 소련군사령부는 10월 12일 세 개의 성명을 발표했다. '조선인민들에게 보낸 치스챠코프 사령관의 성명', '붉은 군대는 무슨 목적으로 조선에 왔는가'라는 성명서에서는 '조선에 소비에트 질서를 설정하거나 또는 조선 지역을 얻으려는 그런 목적을 가지지 않았다'고 주장하면서 '이제는 모든 것이 죄다 당신들에게 달렸다'고 격려했다. 한편으로는 '북조선 주둔군 소련 25군 사령관 성명서'를 통해 항일민주정당의 독립을 지시하고 일제의 반공친미단체 및 인사의 제거를 명령했다.

그런데 소련군사령부 정치지도원 크로찰의 '인민정부수립요강(9월 14일)', 공산당 평남지구 확대위원회가 채택한 강령 '정치노선에 관하여(9월 15일)', 소련군사령부의 7개항 성명(9월 27일) 등은 현준혁식의 '부르주아 민주혁명'의 노선을 비판하고, 친일세력을 철저히 배제한 민족통일전선을 결성해 프롤레타리아 혁명의 기본조건을 준비하는 것이라고 했다.

이러한 목표하에 소련군사령부는 민족주의 세력의 집결체인 조만식의 건국준비위원회를 해체시키고 공산주의자와 비공산주의자가 반반씩 참가하는 북조선 인민정치위원회를 구성했다. 그리고 1945년 10월 8일 5도 임시인민위원회를 구성하고 10월 28일 조만식을 위원장으로 5도 행정국으로 개편했다. 이어 소련군사령부는 '마르크스·레닌주의적 혁명정당' 을 발족시키고 10월 10일 '조선공산당 서북 5도 책임자 및 열성자 대회' 에 이어 10월 13일 '조선공산당 북조선 분국' 을 조직했다. 김일성이 등장한 것은 10월 14일 '평양시 군중대회'를 통해서였는데, 소련군사령부는 김일성을 민족의 영웅으로 소개했다.

조만식은 임시인민위원회 위원장을 거절하고 이에 대항하기 위해 조선민주당을 11월 3일 창건했다. 그러나 소련군사령부의 지지를 받은 김일성과 지지세력은 이승만·김구와 함께 조만식을 조선민족의 반역자로 몰았다. 그들은 조만식이 그의 아들이 자진해서 지원병 지원서를 써서 매우 기뻐했고 이를 자랑스럽게 생각했으며, 1943년 《매일신보》에 〈학도에게 바란다〉라는 기사를 실었기 때문에 친일반역자라고 혹평했다.

북한 지역의 체제 수립이 소련군사령부의 지원을 받는 김일성의 주도로 되어 가는 것을 본 조신성은 더 이상 이곳에서 자신의 뜻을 펼 수 없

평양시 군중대회에서 조만식과 소련장성(195. 10. 14)

다는 사실을 절감했던 것으로 보인다.

소련군사령부는 북한 지역에서 자신의 정책을 펼 수 있는 세력이 필요했는데, 조만식은 전혀 아니었다. 그는 일찍부터 기독교도 중심의 민족운동 중요 거점이었던 평양 지역의 민족운동 지도자였다. 이러한 그가 소련의 정책에 순순히 따른다는 것은 불가능했다. 그리하여 조만식의 제거는 이미 정해져 있었다고 볼 수 있다. 1947년 10월 15일 《국민보》는 조만식이 감시당하고 있음을 보도했다.

북한 1천 만 인민들의 신망을 받고 있는 조선민주당 영수 조만식 선생의 최근 동정에 대하여 다음과 같은 소식이 믿을 만한 방면에 발포되었다.

지난 7월 2, 3일 양일 간 미소공동위원회 평양회의에 참석하고자 평양으로 갔던 브라운A. C. Brown 소장과 조만식 선생이 전후 3회에 걸쳐 4시간 동안이나 담화했다. 그 후 조선생에 대한 감시가 심하여, 최근에는 고려 호텔 조그만 방으로 옮기고 선생을 모시고 있던 둘째아들 연창 군과 사위 강의홍 군의 출입을 금하는 동시에, 종래 4명의 보안서원이 교체 수직守直하던 것을 8명으로 증가하는 동시에, 식사도 매우 나빠서 지난달 중순경에는 소화불량으로 38도의 발열로 2주간이나 신음하여 건강이 매우 부실하다고 한다.

조만식과 조신성은 사상적으로도 통할뿐 아니라 인간적으로도 가까운 사이였다. 그런데 해방 이후 평양뿐 아니라 북한 지역에서 가장 명망 있는 인물이었던 조만식에 대한 압박이 점차 강도를 더해 가자 조신성은 더 이상 그곳에 머무를 수 없음을 깨달았을 것이다. 조신성이 월남한 동기는 김일성의 정권장악으로 더 이상 활동이 불가능했기 때문이다.

두 번째는 김일성의 정치적 목적에 맞는 여성운동단체가 조직되면서 조신성을 비롯한 민족주의 우파계열 여성들은 대부분 소외되었다. 평양 지역의 민족운동과 여성운동을 담당했던 세력 대신에 소련과 밀접한 관련이 있는 인물들이 발 빠르게 움직이고 있었기 때문이다. 그 중에서도 가장 활발하게 움직인 인물은 박정애였다. 그는 1901년 함경도에서 출생했으며, 학생시절부터 혁명운동에 가담했다. 1919년경부터 평양 고무공장, 신발공장의 여공을 지냈으며 1925년부터 공장에서 지하조직과 노동운동을 지도했다는 이유로 몇 회에 걸쳐 투옥되었다. 제2차 세

항일운동을 전개한 서북지역 애국지사들이 투옥되었던 평양형무소

계대전이 끝난 후에 평양형무소에서 출옥했으며, 1945년 9월 조선공산당 평안남도위원, 1945년 11월 북조선 민주여성총동맹위원장, 1946년 2월 북조선 임시인민위원회 중앙위원, 1946년 8월 북조선 노동당중앙위원회 상무위원 등을 지내면서 북한 지역 여성인물 중에서 가장 명망있는 인물이 되었다. 그가 이러한 위치에 서게 된 것은 소련의 힘이 컸다. 박정애는 1920년대 중반 경 코민테른의 임명을 받고 한국에서 활동한 것으로 알려져 있다. 1945년 해방 직후 북한 각지에서는 부녀동맹, 해방부녀회, 여성동맹 등 자발적인 여성운동단체가 조직되었다. 이들 단체는 여성들의 봉건적 생활양식 청산, 축첩제 폐지 등을 주요 활동으로 삼았다. 그러나 이러한 자발적인 여성운동단체는 1945년 10월 15일

평양시에서 여성들을 대상으로 한 〈현 국제 국내 정세와 녀성들의 과업〉이라는 주제 강연에서 대중적인 민주주의 여성조직을 결성하도록 요구했다. 이후 당의 적극적인 지원 아래 1945년 11월 18일 '북조선 민주여성동맹'이 창립되었다. 임원들은 모두 사회주의 계열의 여성이었다. 초대 위원장을 역임한 박정애를 비롯해 신진순, 김정숙, 김철호, 김성옥, 김명숙, 안정숙, 김명화, 전희 등이 이 단체를 주도했다.

그러나 구성원 중에 민족주의계열 여성은 단 한 명도 없었다. 전술한 바와 같이 평양 지역은 한국 근대 여성사에서 서울과 비견될 정도로 근대여성운동과 항일민족운동이 가장 조직적이고 활발하게 전개된 곳이다. 그 주도자들은 민족주의 계열 여성들이었다. 3·1운동 이전부터 송죽회를 중심으로 비밀결사운동을 전개했으며, 이후 3·1운동도 이 단체원이 주도했다. 또한 3·1운동 직후에는 조직적인 항일여성운동 단체를 결성해 임시정부와 긴밀한 관계하에서 항일민족운동을 전개하였다. 이후에도 여성교육운동, 근우회운동 등으로 평양은 여성운동을 활발하게 전개했다. 근우회 본부가 일제의 전시정책으로 해체가 되었을 때에도 근우회 평양지회만 회관을 소유하면서 여성실업과 야학운동을 펼쳤다.

이러한 여성운동의 역사가 있는 평양 지역이었는데, 김일성이 정권을 점차 장악해 감에 따라 이 지역의 주요 여성 인물은 여성운동단체에서 소외되어 갔다. 평양 지역에서 명망 있던 사회주의자 현준혁도 조만식과 긴밀한 관계라는 이유로 살해되었다. 김일성이 평양에 나타났을 때 사람들은 반가워하기도 하고 무서워하기도 했다. 그중에서 "이 김일성 놈이 공산당이 돼서 왔다"면서 "그 놈 모가지를 비틀어 죽이겠다"고

북조선임시인민위원회의 수립을 선포하는 소련군정과 김일성(1946. 2. 8)

욕을 하는 사람도 있었다. 자칭 애국자였던 이 사람은 늘 술만 마시면 "대한의 국민들아, 나의 조국을 나라를 자유국으로 동서양 활동하려면" 하는 노래를 항상 부르며 친일파·친미파·친화파 모두 욕하는것이 하루 일과였다고 한다. 그러나 이 사람은 체포되어 징역 3년을 살았다고 했다(한도신, 《꿈갓흔 옛날 피압흔 이야기》, 1996.)

이러한 상황이었으니 일제 강점기, 여성운동은 고사하고 신변의 위험마저 느낀 평양 지역 여성운동 주도 인물들은 월남을 할 수 밖에 없었다. 조신성과 함께 근우회 운동을 주도했던 박현숙도 월남했다. 박현숙도 여자는 누구를 막론하고 여성동맹, 남자는 민청 산하에서 철저한 공산적인 훈련을 받아야 했기 때문에 더 이상 자신이 원하는 여성운동을 전개할 수 없었다고 했다.

1946년 5월 '북조선 민주여성동맹'은 '우리는 민주주의적 녀성과 대동 단결하여 김일성 정권이 발표한 20개 조 정강을 그 기초로 한 조선민주주의 정권 수립을 위해 총역량을 집중함', '녀성에게 평등한 선거권과 피선거권을 준 북조선 인민위원회의 정강을 지지하며 이 영예를 전 조선녀성들에게 드리기 위하여 분투함' 등의 7개 항의 강령을 채택했는데, 여기서 이 여성단체는 여성 스스로의 권익을 위해 활동하기보다는 정치적인 총동원에 이용되었다. 이러한 일련의 상황 속에서 조신성은 월남을 단행했다. 《동아일보》(1946. 5. 7)는 조신성의 월남 배경을 밝힌 다음과 같은 기사를 내보냈다.

> 칠십 노구의 노파로서 일즉이 3.8 이북 평양에서 조국의 자주 독립을 부르짖으며 정열 있는 여성운동에 여생을 받쳐 나오던 전 평양애국부인회와 여성동맹위원장 조신성 여사는 모든 것이 마음에 합치 않다 하여 홀연이 위원장의 자리에서 몸을 거두어 얼마 남지 않은 여생을 양심적으로 살겠다고 38선을 넘어 서울에 왔는데.

조신성은 당시의 심경을 이렇게 표현했다.

> 그곳 평양은 모든 것이 일 같이 않다고 단순히 말하고 싶다.

정치가는 정치를 않고 누구 집에 물건이 있나, 어떻게 하여야 뺏어오나 그런 데에만 눈이 팔리고 있고, 청년은 청년대로 적기를 휘두르며 날뛰고 있다. 나라를 생각하여 헌금을 하고자 하는 성의 있는 뜻도 있으나 그 헌금은 그네를 소위 정치가의 술값이나 광고선전비를 도울 뿐이다.

이곳에 오기 전에 고려 호텔에서 부자유한 생활을 하고 있는 조만식 씨를 만났는데 그 전까지는 무기를 들고 파수까지 보고 있었다 하는데 내가 갔을 적에는 무기는 가지고 있지 않았으나 두 사람이 방 밖에 파수를 보고 있었다.

3·8 이북 특히 평양이 요즈음 좋아졌다는 것은 대중이 소 잡아 먹고 막걸이 만들어 먹는 것이고, 일하지 않고 노는 것이 좋을는 지 그 밖에 아무 것도 없다.

토지 개혁문제를 중심으로 소작인들의 형편을 보면 전답의 권리는 다 우리의 것이다 하고 술 먹고 투전만 일삼아 하고 있으니, 금년 농사는 형편 없게 될 것이다.

내가 어떤 강연회에 갔을 때, 어떤 청년이 '3천 만의 행복은 농민과 노동자에게 있고 국권은 우리에게 있다. 그러니 대중은 노동자와 농민을 숭배하여야 된다' 하기에 내가 묻기를 '당신네들이 3천 만 대중을 어찌할 힘을 가지고 있느냐, 또 공복이 될 만한 준비를 하고 있는가' 한즉 말하기를 이제 준비하겠소'라고 합디다. 나는 원컨대 진정한 청년들은 조선의 울타리가 되고 조선의 심장이 되어 달라고 부르짖고 싶다.

대한부인회 부총재시절

대한부인회 부총재 취임

조신성이 1945년 11월 27일 월남했을 때 이미 남한 지역은 민족주의 계열과 사회주의 계열 여성이 각각 독자적인 여성운동단체를 조직한 상황이었다. 남한 지역에서는 해방되자마자 즉각 일제 강점기 여성활동가를 중심으로 '건국부녀동맹'이 결성되었다. 결성 전날인 8월 16일 오후 1시부터 경성중앙여자상과학교에서 건국부녀동맹 결성준비위원회가 개최되었는데, 이날 황신덕·박순천·허하백·박승호·노천명 등이 전형위원으로 선출되었다. 건국부녀동맹은 유영준을 위원장, 박순천을 부위원장으로 선출하고 총무부·재무부 등 9개 부서를 두고 다음과 같이 16명의 집행위원으로 구성되었다.

집행위원 : 황신덕, 허하백, 조원숙, 서석전, 이각경, 황애덕, 박봉애,
전영애, 정양자, 신진순, 남소지, 임영신, 유각경, 이규영,
박승호, 김선

총무부장 : 황신덕

재무부장 : 서석전

조직부장 : 허하백

지방부장 : 조원숙

문교부장 : 이각경

건설부장 : 염봉랑

선전부장 : 박봉애

조사부장 : 전영애

후생부장 : 정영자

이들 인물들의 면면을 보면 사회주의 계열 여성, 친일행위를 한 여성, 민족주의 계열 여성 등 이념과 일제 강점기 활동 내용 등에 상관없이 총망라되었음을 알 수 있다. 그러나 점차 이 단체를 사회주의 계열 여성들이 주도하자 민족주의 계열 및 친일행위를 했던 여성들은 탈퇴를 한 후 독자적인 여성운동 단체를 조직했다.

임영신은 같은 해 8월 25일 여자국민당을 창설하기로 한 후, 9월 3일 중앙예배당에서 결당식을 거행했다. 여자국민당의 임원은 위원장 임영신, 부위원장 김선·이은혜, 총무 박현숙·이홍술, 정치 부장 이양전, 경제부장 이경진, 교육부장 박은혜, 사회부장 이아주, 종교부상 최순철,

대한부인회 전북 본부 결성 대회식 기념

문화부장 서영채, 농민부장 최봉선, 위생부장 길정희, 선전부장 박현숙, 고문 이승만 부인 프란체스카 등으로 구성했다.

연이어 9월 4일에는 인사정 안산부인과 병원에서 유각경의 주도로 '한국애국부인회' 준비위원회가 개최되었다. 그리고 9월 10일 결성총회를 개최했다. 임원진은 위원장 유각경, 부위원장 양한나, 총무부장 박원경, 재무부장 이계영, 문화부장 박마리아, 지방부장 이효덕, 선전부장 최이권, 평의원 김미리사, 신알버트, 양매륜, 홍애덕, 이민천 등으로 구성되었다.

황신덕과 박순천은 같은 해 12월 8일 《동아일보》에 "건국부녀동맹의 회원 대부분이 순수한 여성운동보다는 좌익 계열의 지령을 받아 움직이는 꼭두각시였기 때문에 탈퇴한다"는 성명서를 내고 탈퇴했다. 황신덕과 박순천은 일본에서 유학생활을 하면서 서로 친밀한 관계를 맺었으며, 1940년 한국여성의 교육을 위해 함께 경성 가정의숙을 창설하기도 했다.

그러나 두 인물 모두 1940년대에 적극적인 친일행위를 한 탓에 해방 이후 여성을 위해 많은 활동을 했음에도 불구하고 긍정적인 평가를 받고 있지 못하다. 박순천은 황도학회·조선임전보국단 결전대회 부인대회 연사·조선임전보국단 부인대 지도위원 등을 맡아 활동했으며, 1943년에는 제자를 정신대로 보낸 사실이 있다.

이들은 건국부녀동맹을 탈퇴한 후 1946년 1월 9일 '독립촉성중앙부인단'을 결성했다. 이 단체의 결성 목적은 반탁운동을 지원, 지지하기 위한 것이었다. 이 단체의 주요 구성원은 일제 말기에 친일행위를 했던 여성인물들이다. 이후 1946년 4월 5일 '한국애국부인회'와 '독립촉성중앙부인단'은 '독립촉성애국부인회'로 통합되었다.

해방 직전 여성의 권리 확보 및 양성 평등을 위한 운동에 전력하기 위해 일제 강점기 이념, 활동 내용 등을 불문하고 여성활동가들은 단합해 '건국부녀동맹'을 결성했으나 조신성이 월남했을 때는 이미 정치적으로 사회주의 계열과 민족주의 계열로 나뉘어져 있는 상태였다. 한편 사회주의 계열 여성은 1945년 12월 6일 '북조선 민주여성동맹'을 해체하고 전국적 규모의 여성조직인 '전국부녀 총동맹'을 결성했다. 전국부녀총동맹은 1945년 10월 15일 김일성의 연설을 계기로 조직된 '북조선 민주여성동맹,' 그리고 민족주의 계열 여성들의 통합 움직임, 신탁통치를 둘러싼 정치적 대립 및 조선공산당의 방침 등에 의해 결성되었다.

전국부녀총동맹은 3대 강령을 채택했는데 첫째 조선 여성의 정치적·경제적·사회적 완전 해방을 기함, 둘째 진보적 민주주의 국가건설과 발전에 적극적으로 참가·활동하기를 기함, 셋째 조선 여성의 국제적 제휴를 도모하고 세계 평화와 문화 향상에 노력함 등이었다.

이 강령은 '북조선 민주여성동맹'과는 약간 차이가 있다. '북조선 민주여성동맹'이 김일성의 정권장악을 위한 총동원 세력으로 조직된 것인데 비해, '전국부녀총동맹'은 조선공산당의 외곽 단체 결성 계획 하에 조직된 것이기는 하지만 남한 지역이라는 지역적 특수성을 생각하지 않을 수 없었기 때문에 '여성의 정치적·경제적·사회적 해방'을 가장 큰 목표로 두었다.

또한 '전국부녀총동맹'은 전국적인 규모의 단체임을 나타내기 위해 148개 단체 대표 458명이 모인 가운데 결성되었다. 1946년 전반기 지부 총수 150개, 맹원 80만 명에 달했다. 이는 기존의 여성단체를 '전국부녀총동맹' 지부로 재편해 나갔던 것이다. '전국부녀총동맹'의 지도부는 중앙집행위원장 1명, 부위원장 2명, 중앙집행위원 156명 등으로 구성되어 있었고, 총무부·조직부·선전부·문교부·조사연락부·재정부·원호부 등으로 편성되어 있었다. 중앙집행부 구성원들은 허하백을 제외하고 대부분 일제 강점기 사회주의 계열에서 활동했던 여성들이었다. 그러나 지방별 중앙집행위원은 그렇지가 않았다.

이때 조신성은 허정숙, 박정애, 현금란 등과 함께 '전국부녀총동맹'의 평안남도 중앙집행위원으로 선정되었다. 아마 조신성의 위치를 무시할 수 없었기 때문에 그를 선정했던 것으로 보인다. 그러나 조신성은 허정숙에게 세력이 밀리고 있었다. '전국부녀총동맹' 결성대회에서 연안 조선독립동맹의 천진분맹 책임자 및 조선의용군 직속 부대원으로 활동하다가 해방되자 화북, 만주, 서울까지 도보로 행군해 도착한 김명시는 허정숙에 대해서 "과거 조선운동의 선봉이요, 근우회 운동의 지도자였던 허정숙은 해외로 망명한 후 우리 여성으로서 처음으로 남경 군관학교를 마치고 연안에 돌아가서 조선 해방을 위해 피투성이의 투쟁을 계속하다가 이번에 평양에서 돌아와 지금 씩씩하게 활동 중이며……"라고 찬사를 아끼지 않았다.

조신성은 1920년대 남성들을 조직해 몸속에 무기를 숨겨다니면서 항일무장투쟁을 하는 등의 활동을 통해 독립운동가들 사이뿐 아니라 사회적으로도 명망있는 인물이었다. 그런데 조신성에 대한 소개가 없었다는 것은 이미 그의 존재가 남한 지역에서 잊혀져가고 있었다는 것이다. 다만 그의 이름은 '전국부녀총동맹'이 전국적인 여성단체임을 나타내기 위한 하나의 이용물에 불과했다.

그 후 '전국부녀총동맹'은 점차 탄압을 받게 되어 그 세력이 약화되어 1947년 2월 10일 제2회 전국대회에서 '남조선 민주여성동맹'으로 개칭했는데, 한국전쟁 기간 동안 박헌영 세력이 친미주의자로 몰려 김일성 세력에게 제거되자 '조선민주여성총동맹'으로 바뀌었다. 조신성은 언제까지 이 단체에서 활동했는지 기록이 없어 알 수 없다. 그 후 그는 박순천과 황신덕의 주도로 결성된 대한부인회의 부총재로 선임되었다. 당시 그의

제1회 미소공동위원회 미·소 대표들

나이 74세 고령이었으므로 활발하게 활동할 시기가 지났던 것이다. 자리는 명분에 불과했으며 박순천이 지원해 주는 생활비로 생계를 유지했다.

대한부인회는 한국독립촉성애국부인회와 김성실이 주도하던 관제애국부인회의 통합으로 1948년 5월에 탄생했다. 박순천은 1948년 5월 중앙중학 강당에서 전국대회를 갖고 《부인신문》을 창간했으며 거문도에 이르기까지 각 지부를 설치하는 등 전국적인 조직으로 만들기 위해 노력했다.

이처럼 전국적인 조직으로 확대시킨 것은 이승만의 분단정권 수립과 밀접한 관련이 있었다. 서울 덕수궁에서 열린 미소공동위원회는 남북

미소공동위원회 회담 왼쪽부터 미국측 대표 존 하지, 소련측 대표 테렌티 스티코프

통합 임시정부 수립 문제에 대한 어떤 해결점도 찾지 못하고 결렬되었다. 미국은 한반도에서 자국의 입장을 관철시키기 위해 소련의 동의 없이 독자적으로 한국문제를 1947년 9월 유엔에 상정했다. 같은 해 10월 17일 유엔총회에서 미국 덜레스John F. Dulles 대표는 1948년 3월 31일 이전에 남과 북에서 유엔 감시 아래 선거를 실시하고 국회를 구성하며 통일정부를 수립하자는 방안을 내놓았다. 그리고 한국의 정부 수립을 위해 1948년 3월 31일까지 실시되는 선거 감시를 위해 '유엔한국임시의원단'을 설치하자는 미국의 제의가 11월 14일 유엔총회에서 통과되었다. 이를 계기로 8개국 대표로 구성된 유엔한국위원단이 1948년 1월

8일 서울을 방문했다.

유엔한국위원단은 자신의 역할을 다하기 위해 북한에 주둔하고 있던 소련군사령부에 면담을 요청했지만 거절당하고 입북 요구도 거부되었다. 그러자 유엔한국위원단은 남한에서만 선거를 실시하자고 유엔총회에 건의해 승인을 얻은 다음 선거 날짜를 1948년 5월 10일로 결정했다. 이처럼 빠르게 돌아가는 정치적 상황에서 정치적 계산이 빨랐던 박순천은 전국적인 여성단체조직이 필요하다는 점을 알아챘다.

박순천은 1948년 1월 유엔한국임시위원단의 대표로 선임된 인도인 메논Kremara P. S. Menon을 덕수궁으로 초대해 이승만을 적극 지지하고 있음을 밝혔다. 메논은 유엔총회에 보낼 보고서를 작성하고 있었는데, 그 내용은 남한에서만 총선거를 실시해 정부를 수립한다는 것이었다. 당시 이승만은 국민회·부인회·청년회 등 각 단체에서 남한만의 단독정부 수립을 지지하는 내용의 연판장을 가지고 있었는데, 모윤숙에 의해 이승만은 메논을 만나 이 연판장을 전달했다.

여성 정치권 진출 운동

박순천을 비롯한 민족주의 계열 여성들은 1946년부터 제도권으로 진출하기 위해 많은 노력을 기울였다. 조신성은 대한부인회 부총재로서 적극적으로 지원했다. 일제 강점기 한국 여성은 해외 각국의 여성참정권 운동가와 운동의 전개 과정을 통해 정치의식을 성장시켰는데, 이러한 성장이 1946년 여성이 민주의원, 나아가 과도입법의원으로 진출할 수 있는 원동력이 되었다.

1948년 6월 개원한 첫 국회에서의 헌법 제정에 중요한 참고자료가 된 것이 민주의원에서 제정한 헌법, 과도입법의원에서 통과된 과도약헌, 중경임시정부의 헌법 등이었다. 따라서 여성들의 민주의원과 과도입법의원으로의 진출은 중요한 의미가 있다. 정치권 진출을 통해 여성과 관련된 법안을 주장하고 나아가 제정할 수도 있었기 때문이다.

먼저 여성의 민주의원 진출과 활동을 살펴보면 다음과 같다.

1946년 2월 14일 미군정청 제1회의실에서 남조선 대한민국대표 민주의원 성립식이 개최되었을 때 총 28명이 대표의원으로 선정되었다. 그 중 여성의원으로서 황현숙과 김선이 포함되었다. 이들은 여자국민당의 총무와 부총무를 맡고 있었다.

황현숙은 충남 천안 출신으로 1919년 천안군 만세운동 때 적극적으로 참여해 공주 감옥에서 옥고를 치른 적이 있다. 출옥 후에는 일본 요코하마 여자신학교를 졸업, 홍성교회 전도부인으로 재직하면서 1929년에는 홍성 공립공업전수학교 학생운동 사건으로 검거되어 옥고를 치렀다. 그 후 1930년부터는 농촌계몽운동에 적극 참여하다 1945년 해방을 맞이했다. 김선은 1919년 3·1운동 당시 대동단 지하공작대원으로 활동했으며 조선여자교육회 부회장 등을 역임하고 1927년 근우회에서 활동했다.

황현숙과 김선은 기독교 여성으로서 일제 강점기 민족운동과 여성운동에 참여한 여성들이다. 이들이 민주의원에 선정된 것은 여자국민당의 총무와 부당수였기 때문이다. 여자국민당은 1945년 8월 27일에 결성되었는데, 1945년 12월 28일 신탁통치안이 보도되자 즉시 반탁성명서를 발표했다. 이어 정치 대강연회를 열고, 가두시위 등을 벌여 여자국민당의 세력을 과시했다. 이러한 활동은 임시정부와 이승만 간의 연합으로 성립된 비상국민회의에서 황현숙과 김선이 최고 정무위원으로 선정되는 결과를 가져왔다. 비상국민회의 최고 정무위원은 다음 날 자연스럽게 미군정의 자문기구인 민주의원으로 전환되었다.

황현숙과 김선이 포함된 민주의원은 1946년 3월 18일 임시정책 대강을 발표했다. 총 27개 항으로 구성되어 있었는데, 그 중 여성의 참정과 관련된 것은 2개 항으로, '정식 정부는 가급적 속히 보선제도에 의한 국민의회를 통해 건립하고 보선에는 남녀 만 20세 이상 된 자는 선거권이 있고, 만 25세 이상된 자는 피선거권이 있음'이었다.

민주의원은 과도정권 수립을 목표로 활동했지만 그 목적을 달성할 수 없었다. 미군정은 민주의원을 1차 미소공동위원회 협의의 대표기구로 상정했으나 소련과의 협상에서 걸림돌이 되었다. 소련은 민주의원을 반탁단체로 지목하고 대표성을 인정하지 않았다.

미군정은 이러한 현실에서 민주의원과 행보를 함께 할 수 없었다. 그리하여 미군정의 입장에 따라 민주의원의 활동폭이 좁아졌다. 그래서 민주의원은 1948년 5월 29일 해산될 때까지 뚜렷한 업적을 남기지 못했다. 황현숙과 김선은 민주의원의 실상이 위와 같았기 때문에 여성을 위한 법률안을 주장할 만한 여건을 갖지 못했다.

민주의원의 활동폭이 좁아진 상황에서 만들어진 것이 과도입법의원이었다. 여성들의 과도입법의원 진출과 활동을 보면 다음과 같다.

미군정 대표들과 과도입법의원(1946.12. 12)

과도입법의원은 1946년 12월 12일 미군정청 제1회의실에서 개원했다. 과도입법의원은 관선의원 45명, 민선의원 45명 등으로 구성되었는데 그중 여성은 민선의원이 아닌 관선의원으로 진출했다. 박승호, 박현숙, 황신덕, 신의경 등이다.

4명의 여성들이 관선의원으로 진출할 수 있었던 것은 여성단체의 움직임 때문이었다. 1946년 2월 민주의원이 출범한 이후 여자국민당과 독립촉성중앙부인단은 여성결의대회, 시국강연, 시위 등을 통해 각자의 세력을 강화·확대해 나갔다.

1946년 4월 독립촉성중앙부인단은 한국애국부인회와 연합해 독립촉성애국부인회로 조직을 정비하고 강화했다. 여자국민당은 위원장 임영신이 같은 해 4월부터 지방순회를 끝마침과 동시에 대의원회 겸 전국

여성대회를 개최해 전국여성총연맹 설치를 결의하고 세력을 확대·강화해 나갔다. 독립촉성애국부인회도 마찬가지였다. 같은 해 6월 18일부터 20일까지 제1회 전국부인대회를 개최했다. 이와 같이 각자의 세력을 확대 강화해 나갔으나 미군정에서 남조선 과도입법의원 설치안을 정식으로 공포하자, 여성활동가들은 상기 여성단체를 중심으로 난립해 있던 기타 여성단체를 통일시켜 나갔다.

1946년 11월 15일, 조선여자국민당 총본부·여자기독교청년 연합회·불교여성총동맹·가톨릭여자청년연합회 천도교내수단·조선애국부녀동맹본부·독립촉성애국부인회 총본부·부녀국 등 8개 단체가 연합해 '독립 완수는 여성의 단결로'라는 주장 아래 여성단체총연맹을 중앙기독교청년회관YMCA에서 결성했다.

1946년 11월 18일 8개 단체 대표들이 모인 가운데 중요 사항을 결정했다. 그리고 위원장으로 황애덕, 부위원장 황기성, 총무 신의경·박현숙·문선호 등이 집행위원으로 선출되었다. 이때 결정한 사항 중의 하나가 과도입법의원에 많은 여성들이 참가할 수 있도록 미군정 당국에 진정하자는 것이었다.

이러한 결과로 과도입법의원 관선의원에 전국여성단체총연맹의 총무로 선출된 신의경·박현숙, 그리고 독립촉성애국부인회의 박승호와 황신덕이 여성대표로 선정될 수 있었다. 당시 《동아일보》에서는 "이제 여성들도 당당하게 정치에 참여할 수 있고 모든 대표 선출에 있어 선거권과 피선거권을 얻게 된 이제 네 명의 대표를 보내는 것은 전 여성을 위해 반가운 소식이 아닐 수 없고"라고 하면서 여성들의 정치권 진출에 많은 기대를 했다.

그러나 민선의원에는 한 사람도 진출하지 못했다. 선거방식 때문이었다. 당시 사용한 선거방식은 4단계 선거방식으로 세대주 선거방식을 사용했다. 민선의원 선거가 끝난 후 김규식은 '세대주를 주로 해 1세대에 5인이나 10인이나 불문하고 (선거권 및 피선 권을 가진 자로서 동거가족) 세대주만 투표해 반의 대표자를 선거한 것, 세대주도 나오지 않고 반장이 인장만 가지고 가서 집행한 것' 등 선거의 불법성을 지적했다. 이러한 실정이었기 때문에 여성들은 여성 후보자를 추천할 여지조차 없었다.

이에 박정숙은 현실을 개탄했다.

> 선거방법에 있어서 선거권을 세대주 단위로 하였음은 여성의 진출을 몹시 억압해 해방과 더불어 남녀동등권을 획득한 우리 부녀들로 하여금 그 복리를 위해 용감이 싸워 줄 대변인을 한사람도 선출하지 못한 유감스러운 상태를 이루었습니다. 다만 일부 지도급 부인들의 역할로만 한정되고 일반 부인에 있어서는 전혀 그 동태가 봉쇄되어 있으니 천우의 선거 기회를 획득한 우리 조선 부녀로서 너무도 무능력하고 치욕적이라 아니하겠습니까?

이처럼 제한적인 상황이었지만 여성들은 입법의원으로 진출한 여성 대원들에게 희망을 걸었다.

과도입법의원이 개원된 후 여성들은 안팎에서 여성들의 권리를 찾기 위해 운동을 벌여나갔다. 전국여성단체총연맹에서는 박현숙, 박승호,

신의경, 황신덕 등을 통해 과도입법의원에게 제출하는 등의 활동을 벌였다.

> 장래의 법률은 물론 남녀평등을 보장하는 것이 될 줄 믿고 우선 현행 법률 중에서 여성에게 불공평하고 불리한 법률은 즉시 폐하여 주기를 희망함. 친일파 민족반역자 모리배로 한 가지로 가정을 파괴하고 건국의 기둥을 좀먹는 창기를 농락하고 축첩하는 자는 의원 중에서 제거할 것은 물론이고 행정기관, 교육가, 정당 및 각계 지도층에서 축출시킬 것을 갈망함. 건국도상의 방해자인 모리배, 악질 음모자, 향략 도배들의 소굴 요정과 창기를 폐지하고 속히 신성한 사교법칙을 제정 발표하여 주기를 갈망함

여자국민당 중앙집행위원회에서는 5회에 걸쳐 여성들의 법률적 지위 개정안을 토의 결정한 후 이를 과도입법의원에게 제출했다. 그것은 민법에서 처의 능력, 친족법에서 이혼·혼인·내연관계·호주제 철폐·상속법에서 가독상속·유산상속, 형법에서 간통죄·중혼죄, 특별법에서 산모보호법·공창폐지 등이었다.

과도입법의원 내부에서 여성의원들은 "여자대의원 선거를 편법으로 하여 22명의 수효를 확보할 것, 공창폐지에 대한 문제, 남녀동등권을 법적으로 인정할 것, 축첩제도를 법으로 금할 것" 등을 주장해 법안 통과에 노력했으나 무산되었다. 그 이유는 남성 대의원들의 여성에 대한 편견 때문이었다.

당시 남성 대의원들은 여성 대의원들의 주장에 대해 다음 같은 논리

대의원 총선거에 임하는 여성들

를 내세웠다.

조선은 민주주의 국가를 형성한다고 하는 것이 국제적으로 인정받고 있는데 여자에게만 특별 편법을 쓴다면 아직도 민주주의 국가가 될 수 없다는 증명을 미국에 선포하는 것, 편법을 쓰면 여성들 자체의 투쟁력이 없어지고 노력 없이 될 것을 기대하기 때문에 여성운동에 추진력이 없어지는 것, 남녀동등권은 부여된 것인데 편법을 쓰는 것은 보통선거법을 위반하게 된다는 것, 투쟁해서 실력으로 선거가 되어야 한 사람이 나와도 가치가 있고 귀하다는 것.

그러나 박승호는 다음과 같이 지적했다.

> 남녀동등권을 말만 해도 구역이 나서 못견뎌 하는 남성들이면서도 자기들을 유리하게 할 때는 남녀동등권이 뚜렷하다는 것을 주장하는 것을 보게 됩니다. 여자의 실력을 기르는 것은 국가의 발전을 위해서 절대로 필요함에도 불구하고 여자의 교육은 불필요하다고 주장하는 남성들이오, 교육받지 못하는 여자들을 대할 때 필연적으로 우월감을 갖는 이도 남성들인데, 요새는 필요할 때마다 동등권이 있으니 실력 있는데 투쟁하라고 한다.

이러한 남성 대의원들의 양성 차별적인 사고방식 때문에 여성할당제는 부결되고 말았다.

1947년에 들어서면서 정국은 격변하고 있었다. 같은 해 3월 존 하지John Reed Hodge는 남한 단독정부 수립은 조선의 통일을 저해한다는 내용의 성명서를 발표했지만, 국무장관 애치슨Dean Gooderham Acheson은 한국문제를 해결하는데 소련의 협조가 없으면 미국은 단독 조치를 취할 수 있음을 예고했다. 하지는 계속 모스크바협정이 있는 한 남한 단독정부 수립은 불가능하다고 했으나 같은 해 4월에 들어서면서 소련측 협력이 없으면 미국은 단독 행동을 단행하겠다고 언명했다. 이러한 정치적인 상황에서 여성들은 단독정부 수립을 기정사실로 받아들이고 총선거 준비에 들어갔다.

사실 여성들은 과도입법의원에 진출한 여성의원들에게 많은 기대를 걸었다. 특히 여성의석 할당제에 대한 기대가 높았다. 그러나 이 의안이 부결되었다는 소식에 여성들의 입장은 찬반으로 나뉘었다. 찬성하는 측에서는 그 이유를 다음과 같이 설명했다.

오늘날 여성의 지위는 정치·경제·문화 각 방면에서 낙후되어 있다. 그러므로 여성특별선거법이 제정되어야 여성문제가 여성 손에서 해결되어 진정한 민주주의 발전이 올 것이라고 했다. 민족대표대회 당시 준비위원회에서 여성대의원을 선발하라는 지시가 있었음에도 불구하고 남성들이 이를 숨긴 적이 있으며, 또 어떤 지방에서는 여성 스스로 비하해 기권한 적이 있다고 하면서 만일 여성특별선거법이 없다면 여성 대의원은 한 사람도 내놓지 못한다는 것이었다.

이러한 주장과 달리 여성의석 할당제에 대해 반대하는 이유는 다음과 같았다.

그들은 중앙 내수동의 박순천이 선출된 예를 들면서 여성들이 노력하면 얼마든지 성공을 거둘 수 있다고 주장했다. 여성의 특별취급법은 선진국에서 그 유래를 찾아볼 수 없으며, 선거에서도 여성대의원이 단 한 사람만 선출돼도 괜찮으니까 여성의 지위 향상은 여성 자력으로 개척해야 한다고 하면서 남성에게 의존해서 해결하는 것은 여성들이 진정으로 나갈 길이 아니라는 것이었다. 여성의석 할당제를 둘러싸고 논란이 있었지만 이미 부결되었기 때문에 앞으로의 주어진 상황에서 어떤 방법을 사용할 것인가가 더 중요하다는 생각이 지배적이었다.

그래서 그들은 여성들에게 홍보하고 선전하기 위해 여성을 위한 신문과 잡지를 발간했다. 황기성은 1946년 발간되어 재정난으로 폐간된

《부녀신문》을 《여성신문》으로 재창간했다. 박순천은 같은 해 5월 《부인신보》를 창간했고 대구에서는 《부녀신문》가 간행되고 있었다. 잡지로는 《부인》, 《여성공론》, 《여성문화》, 《여학원》, 《신소녀》 등이 발간되었다. 이와 같은 신문, 잡지 등은 일반 여성을 계몽하기 위한 글을 싣고 정치적인 동향 등을 소개했다. 그리고 총선거를 대비한 홍보와 선전 등의 역할을 담당했다.

다음은 지방순회와 여성대표회의 등의 개최로 총선을 준비했다. 여기에서는 여성들의 정치적인 자각을 이끌어내기 위해 여성들의 정치권 진출이 얼마나 중요한 지를 설명하고 토론하는 자리를 마련했다. 독립촉성애국부인회 회장 박승호는 지방순회를 다녀와서 '지방은 염려말고 중앙에서 정신을 차려달라'는 부탁을 받았다는 소식을 전하기도 했다. 동 단체는 같은 해 8월 25일 박승호의 사회하에 20여 지회 대표자 대회를 열었다. 이 회의에서 앞으로 실시될 보통선거법에 대처하는 여성운동의 방향에 대해 토론하고 다음과 같이 결론을 냈다.

여성해방을 획득하려면 여성들은 모든 힘을 집중해야 한다. 지방대표들은 여자국민당, 애국부인회, 여자기독교청년회, 불교부인회 등을 구별하지 말고 전 여성이 보통선거법 실시에 대처할 수 있는 운동을 전개해야 한다는 것이었다. 그리고 대표로 내세울 수 있는 여성은 소수로 결정하되 여성운동에 성의와 열의를 다할 수 있는 인물이어야 한다고 결론을 맺었다.

한편 신문, 잡지상에서는 총선거에 임하는 방법을 둘러싸고 다양한 의견들이 주장되었다. 대표적인 주자로는 모윤숙과 황신덕을 들 수 있다. 이 두 사람이 가장 많은 글을 쓰고 여성들이 총선거에 어떻게 임해야 하는지를 구체적으로 설명하고 홍보했다.

모윤숙은 다음과 같이 주장했다.

> 여성들은 남성들과 똑같은 자격으로 선거권, 피선거권을 갖게 되었다. 갑자기 이러한 권리를 부여받았기 때문에 어떻게 이를 감당할 것인가도 우려되기도 하지만 이미 이러한 권리를 갖게 된 이상 여성들은 총단결해 남성들에게 의존하지 말고 여성 스스로 추진해 나가자. 세 여성이 모두 단결해 여성 입후보자를 반드시 여성 대의원으로 진출자.

한국 사회는 남성 사회이며 여성이 손 하나 움직이려고 해도 스스로 하기가 너무 힘들다. 그러나 여성특별선거 법의 적용 없이 남성과 똑같이 출발해야 하기 때문에 백배 천배의 노력과 어려움이 드는 것이 현실이다. 그러므로 이러한 어려운 상황에서 여성들은 남성 중심의 선거 관념을 없애고 능력 있는 여성들에게 한 표를 던져야 여성을 위한 법률과 여성을 위해 정치권에서 투쟁할 것이라고 주장했다. 그리고 능력 있는 여성들이란 김활란, 박순천, 최인권, 박승호, 황신덕, 박인덕, 박현숙 등이라고 했다.

황신덕도 모윤숙과 비슷한 주장을 했다.

> 여성들의 참정권에 대해 시기상조라거나 여성의 본분은 가정에 있는데 이를 버리고 정치에 간여하는 것은 탈선이라는 일부의 주장에 여성도 스스

로 시인하고 있다. 그렇지만 여성에게 참정권이 주어진 것은 명백한 사실이므로 앞으로 여성들이 참정권을 얼마나 잘 이용하느냐에 따라 한국 사회에 진정한 남녀평등을 가져올 수 있으며, 국가의 흥망성쇠가 달려 있다.

이 두 사람 모두 한국 사회는 남성 중심의 사회인데, 남녀평등을 이루려면 주어진 참정권을 잘 이용하자는 것이며 그렇게 해야만 한국의 발전을 기대할 수 있다고 했다.

이들은 북한 선거를 예로 들면서 여성의 자율적인 의지로 선거에 임할 것을 촉구했다. 북한에서는 3개월 전부터 지정한 피선거인에 대한 이름을 연습하거나 공갈 협박을 하는 방법으로 선거를 치렀는데, 이들 본받지 말고 여성지도자를 선출하자고 주장했다. 그리고 여성들은 남편, 아버지, 오빠 등에게 맹목적으로 따라가기 쉽다. 사상투쟁과 총선거 때에는 아버지도 남편도 아들도 모두 초월해 냉정한 판단을 가져야 하며 반드시 여성지도자를 선출해야 한다고 강조했다.

또한 각계 각층의 여성들을 통해 여론을 형성하는 방법을 사용했다. 《부인신보》에서는 여사무원 김옥분, 가정부인 허영순, 전화교환수 김중길, 간호부 이순례, 여검원 문순덕, 여의사 허영숙, 여기자 이영희, 유치원 정영순, 다방마담 김희순, 음악가 등등이 총선거에 임하는 입장을 실었다. 이러한 방법으로 다양한 곳에 있는 여성들이 여성대표에게 한 표를 던져야 한다는 것을 선전했다.

이와 같이 여성들은 1947년 4월부터 단독정부 수립을 기정사실화하고 총선거 준비에 들어갔다. 이들은 과도입법의원에서 여성할당제는 부결되었기 때문에 현실로 이를 인정하고 주어진 참정권을 잘 활용해서 여성대표를 의회에 많이 진출시킬 수 있는 방안을 고민했다. 그리하여 여론 형성을 위해 각계각층 여성의 글을 신문지상에 싣거나 저명한 여성운동가의 글을 통해 많은 여성에게 총선거의 중요성을 자각시켰다. 그리고 지방순회 혹은 여성대표자대회를 열어 세력을 과시하면서 홍보, 선전에 많은 노력을 기울였다.

이러한 준비 끝에 1948년 4월 13일 20명의 여성들이 입후자로 등록했고 총 200여 석에 930명의 입후보자가 등록을 했다. 여성들이 가장 많이 입후보한 지역은 서울이며 총 7명이었다. 서울 중구의 경우에는 여성단체총연맹의 황애덕과 대한독립촉성국민회의 김선 등이 동시에 출마했다. 입후보자 출신별로는 독립촉성애국부인회가 총 9명으로 가장 많았으며, 다음으로 여자국민당에서 2명, 무소속 3명, 여성단체총연맹 1명, 독립촉성국민회 2명, 기타 3명 등이었다.

당시 출마했던 여성들이 제시한 정책을 보면 종로 갑구에서 입후보한 박순천은 처의 재산권 인정, 딸 상속권 주장, 인권유린의 중혼 부패성 탄압 등을 제시했다. 서대문구에서 무소속으로 입후보한 김활란은 "국민 생활권의 균형, 남녀평등의 원칙을 견지하면서 민족역량의 총집결로 국력 진작을 도모함", 마포구에서 여자국민당으로 입후보한 김선은 "여성의 정당한 지위를 법률화하자", 중구에서 입후보한 황애덕은 "국가부담으로 특히 기술학원을 설치해 중견인물 육성으로 공업국가로서의 만전을 기하자" 등을 제안했다.

이러한 정책 제시에서 여성 입후보자들은 남성들의 표를 기대할 수 없었으며 여성의 표 또한 기대하기 어려웠다. 당시 92퍼센트 이상의 여성들이 문맹이었으므로 투표권조차 행사하기 어려운 실정이었다. 이에 대해 《여성신문》에서는 여성들의 문맹퇴치가 얼마나 중요한 지를 역설했다.

> 왜적 놈들이 우리들에게 배움의 기회를 주지 않은 결과는 이렇게 무서운 것이다. 저번 입법의원 대의원을 선거했을 때 그 사람이 좋은 줄 아나 이름을 쓸 줄 몰라서 남한테 이름을 써 달라고 한 사람이 상당히 많았다. (중략) 민주주의 사회 건설에 있어서 진정한 여성해방을 위해 머지않아 실시될 보통선거를 앞두고 사회지도자들은 이 문맹퇴치에 일층 더 노력이 요청된다"며 그러나 현실적으로 빠른 시일 내에 극복한다는 것은 매우 어려운 일이었다.

선거전에서도 여성들은 매우 불리했다. 남성들은 정보와 선전 등에서 여성들보다 뛰어났다. 그러나 여성들은 이러한 현실을 직시했다. 여성들은 거리의 신문이나 선전에서 남성보다 뒤떨어지는 것은 사실이지만 실력이나 권위에서 뒤떨어지는 것은 아니라고 하면서 여성 스스로 동정해 반드시 여성대표에게 표를 던지자고 주장했다.

남성들은 홍보와 선전 등에서 유리함에도 불구하고 여성 후보들의 표를 깎기 위해 온갖 방법을 동원했다. 심지어 몰래 여성 입후보자의 간판까지 치워 버리는 행위도 서슴지 않았다. 여성들은 남성 입후보자들을 비난했다.

민족전체의 대사업인 총선거를 목전에 두고 일부 몰상식한 남성 입후보자들은 '국회'를 '동회' 격으로 아는지 너도나도 하고 대 난립 상태에 있다"고 비난하면서 "일천오백만 우리 여성을 대표해 나온 여성 입후보자의 간판을 도적질하는 한편, 또 여성들에 한해서 입후보를 자기에게 양보하라고 강요하는 자도 있다고 하니 정말 우리 민족의 수치라 아니할 수 없는 사실이다. 자기 실력으로 입후보할 자격이 없는 자들이 무엇 때문에 출마해 몇 되지 않는 우리 여성 입후보자를 방해하려고 하며 또 갖은 모략을 다해 악선전을 하는가?

우리나라의 진실한 애국자라고 선전하는 그자들이 여성을 상대로 해 갖은 모략으로 선거전을 전개하는 꼴이야말로 정말 자기 자신의 인격을 일반 앞에 여지없이 폭로하고 있음을 우리 여성들은 스스로 알 수 있는 일이니, 우리는 일치 단결해 이와 같은 악질 입후보자를 신성한 국회에 보내서는 안 될 것이다.

여성들은 여성 입후보자에게 선거권을 행사해야 한다는 것을 강조했다. 그러나 여성들의 의회 진출은 남성들의 방해, 재정적인 어려움, 여성들의 무지와 문맹, 여성에 대한 사회적인 멸시, 일반 여성들의 봉건적인 사고 등에 의해 실패로 끝날 수밖에 없었다.

결국 총선거가 끝났을 때 여성 입후보자들은 한 명도 당선되지 못했다. 낙선의 이유에 대해 황애덕은 '운동할 시기와 물질, 여성의 자각 부족' 때문이라고 결론을 내렸다. 이어서 "일본에서는 여성 대의원이 30여 명이었다는데 이것은 남성들이 양보했기 때문이며 우리나라에서는 여성에 대해 관심이 너무 부족하고 양보도 없었다. 물론 남성과 같이 취급해 주었다는 것은 기쁜 일이나 더 한층 남성의 자각을 요구하는 동시에 여성은 자각을 새롭게 해야 된다"고 주장했다.

낙선한 여성 입후보자들은 대부분 총선거의 실패 원인을 여성들의 계몽 부족에서 찾고 있었다. 황애덕의 "나는 당선되리라고는 예상도 아니 했다. 다만 여성투쟁을 남기고 싶었다"라는 말처럼 당시 여성 입후보자들도 현실을 직시하고 있었다.

거인, 나래를 접다

6 · 25전쟁과 부산 피난

1950년 6월 25일 새벽 4시, 북한군이 남한으로 내려왔다. 1950년대에 들어서면서 미국, 중공과 소련의 분위기는 심상치 않았다. 1950년 1월 12일 갑자기 미국무장관 애치슨이 미국출판협회 연설에서 한국과 대만을 방어선에서 제외한다고 발표했으며, 소련은 1월 6일자 《코민포름 저널》을 통해 미국의 대일정책을 비난하고 2월 14일 중공과 우호동맹 및 상호 원조조약을 체결했다.

미국의 당시 동아시아 정책은 공세적이었다. 1950년 1월 26일 한미 상호방위원조협정을 체결해 미군사고문단의 주둔을 합법화했으며 약 2억 달러에 달하는 군사원조를 단행했다. 또한 미국 군사지도자들의 극동지역 왕래가 잦아졌으며 같은 해 4월에는 덜레스를 미국무장관 공화

맥아더와 이승만

당 고문으로 임명했다. 그는 남한 단독정부 수립을 적극적으로 주장했으며 이후 베트남 전쟁의 주모자이다.

2월 16일 맥아더Douglas MacArthur는 이승만을 일본으로 불러들여 비밀회담을 가졌다. 미국 합참의장 브래들리Omar Bradly, 해군참모장 서먼Forrest P. Sherman, 육군 참모장 콜린스Lawton J. Collins, 공군 사령관 반덴버그Hoyl S. Vandenverg 등은 군사시설을 시찰하기 위해 한국과 일본을 왕래했다. 덜레스는 6월 18일 38선을 시찰한 후 사흘 후에 일본에서 맥아더와 회담했으며 국방장관 루이스 존슨Louis Johnson과 통합참모본부 의장 브래들리가 극동지역을 순방하고 귀환하자 한국전쟁이 발발했다.

전쟁은 UP통신을 통해서 남한 전역에 알려졌다. 한반도 전 지역에서는 억수 같은 소낙비가 내리고 있었다. 북한군은 25일 오전 동두천, 저녁에는 포천, 26일 오후에는 의정부를 차례차례 점령했다. 25일 아침 이승만은 태평하게 창덕궁 후원 연못에서 낚시질을 하다 소식을 듣고 피난을 떠났고, 다음 날 26일 서울 시내 은행이 개점하자마자 특권층들은 돈을 찾아 남쪽으로 떠났다. 그리고 27일 저녁에는 수많은 서울시민들이 한강다리를 지나 남쪽으로 떠났다. 길가와 한강다리는 수없이 많은 자동차와 공포에 싸인 시민으로 들끓었다.

28일 새벽, 한강다리가 폭파되었다. 채병덕 한국군 육군참모총장은 한강 인도를 폭파하라고 명령했다. 그리고 28일 새벽 2시에 북한군 전차 2대가 시내로 들어왔다. 북한군 주력군이 서울 시내 중심부에 들어온 것은 28일 오후 3시였다.

워싱턴의 분위기는 태평했다. 미국 대통령 트루먼은 고향에서 휴가중이었고, 미 국무장관이 진두지휘를 했다. 또한 북한군을 침략자로 유엔에 제소하고 유엔군 개입을 촉구해 26일 유엔안정보장이사회가 긴급 소집되어 7월 7일, 미국 요청에 의해 유엔안정보장이사회에서 유엔군사령부를 설치했다. 그리고 유엔회원국의 군대를 미국 단일정부하에 둔다는 요지의 결의안을 통과시키고 국제연합군을 창설해 미 극동사령관인 맥아더를 유엔군 총사령관으로 임명했다. 미 지상군 선발대는 7월 1일 부산에 도착했으며 다음 날 대전에 배치되었다. 그리고 대전을 기점으로 안성과 평택 방위선으로 진출했고, 14일 이승만은 한국군 지휘권을 맥아더에게 양도했다.

전쟁 초반에는 북한군이 우세했다. 북한군은 서울을 점령하자마자 서

한강다리가 폭파되자 한강을 건너기 위해 배를 기다리는 피난민들

대문형무소에 수감되어 있는 4천여 명의 정치범을 석방했다. 많은 사람들이 도망치는 한편, 또 다른 많은 사람들은 길에 나와서 북한군을 구경하면서 만세를 불렀다.

국군 패잔병들은 산으로 도망갔다. 그들은 동네 사람들에게 먹을 것을 구걸하고 옷은 민간인 옷으로 갈아입었다. 2~3일 만에 서울 전 지역에서 공산당원이 조직을 갖추고 활동을 하기 시작했다. 북한군들은 집이나 길에서 청년들만 보이면 모두 강제로 체포해 간단한 훈련을 시킨 후 의용군으로 입대시켰다. 많은 청년들이 이를 피해서 숨어서 지냈다.

한국군은 낙동강 전선까지 밀렸다. 대전에서 북한군과 미군의 충돌이 시작되었으며, 미군의 전력이 밀렸다. 그러나 8월 초 이후 낙동강 전

UN군 평양철수와 대동강을 건너는 피난민들

선에서 대치하고 있던 미국측의 전력이 우세해지기 시작했으며, 9월 15일 맥아더의 지휘하에 인천상륙작전이 개시되었다. 남부전선에서는 안동·김천·진주·청주 등을 미군에서 점령했으며, 9월 28일 서울을 수복했다. 그리하여 서울을 떠난 많은 사람들이 끊어진 한강다리를 건너 집으로 돌아왔다. 하지만 집들은 유령의 집처럼 변해 있었다. 지붕의 기와는 전부 벗겨지고 풀이 거의 한 길이나 자라 있었으며, 유리창은 거의 다 깨져 있었다. 돌아온 모든 사람들은 앞으로 살아갈 일을 생각하며 막연해했다.

워싱턴에서는 맥아더에게 38선을 돌파하라고 명령해 9월 29일 북으로 올라갔다. 10월 19일에는 평양을 함락하고, 제10군단은 원산에 상륙

한국전쟁에 참전, 서울로 들어온 중국군

했다. 그리고 한국군 제1군단과 함께 개마고원을 점령하고 두만강을 향해 돌진했다. 그러자 중국에서는 자국 방위에 위협을 느꼈다. 중국이 한국전쟁에 참가하기 이전부터 미공군기가 만주지역을 폭격했는데, 중국 정부에서는 수십 차례에 걸쳐 항의했다. 그러나 11월 16일 워싱턴에서 압록강 철교를 폭파해도 좋다는 결정을 내리자 중국은 비밀리에 참전했다. 중국군의 참전으로 유엔군은 남쪽으로 밀리기 시작했다. 그리하여 사람들은 또 한 번 피난을 떠나야 했고 1951년 1·4후퇴가 시작되었다. 사람들은 남으로 남으로 먼 피난길을 떠났다. 어떤 사람은 걸어서, 또 어떤 사람은 기차 지붕 위에 타고 떠났으며 군인차를 요행히 얻어 타고 피난을 떠나는 사람도 있었다.

파괴된 부산

조신성은 박순천의 도움으로 생계를 이어가고 있었는데 전쟁이 나자 이들과 헤어질 수밖에 없었다. 1·4후퇴 후 조신성은 인천에서 배를 타고 부산으로 내려가 먼저 부산 피난지에 있는 대한부인회 임시사무소의 박순천을 찾아갔다. 이때 조신성의 나이는 78세였다. 최은희는 당시 조신성의 행색이 다음과 같았다고 했다.

혁혁하던 여걸의 모습은 신병에 쪼들리어 서리 맞은 풀포기 같았고, 초라한 행색은 그동안의 고생을 넉넉히 설명하여 주었다. 모시치마 밑의 광목 고쟁이가 오줌에 절어서 쥐어짜게 되었던 것이다. 잡숫고 싶다는 냉면을 사드린 후 지프차에 모시고 양성봉의 자택으로 가서 의복 일습을 지어 입혀드렸다.

운명

조신성은 대한부인회 박순천의 도움으로 평안남도지사 김병연의 집에서 임시로 거처했다. 그리고 얼마 후부터는 부산 신망애 양로원에서 지냈으며 대한부인회에서는 매월 5만환씩의 생활비를 보내주었다. 조신성은 양로원에 들어가지 않겠다고 했지만 방법이 없었다. 전쟁 중이었기 때문에 혼자 생계를 책임지지도 못했기 때문이다.

신망애 양로원의 원장은 한형세였다. 이 양로원은 처음에 1934년 경북 대구시 비산동에 설립되었다. 1939년에 부산 동구 범일동으로 이전한 후인 1940년에 시설 인가를 받았다. 그리고 1942년 10월 20일 부산 서며 초읍동으로 이전했다. 1964년 4월 21일 부산 금정구 장전동으로 이전하여 지금은 신망애노인요양원으로 운영되고 있다.

조신성은 1953년 5월 3일 신망애 양로원에서 연탄가스 중독으로 삶을 마감하였다. 당시 《동아일보》에는 조신성의 죽음을 이렇게 다루었다.

구한말 개화운동의 선구자이며 신여성계의 최선봉이었던 조신성 여사가 지난 5일 상호 6시 시내 초읍동 신망애양로원에서 별세했다.

조 여사는 81년 전 평북 의주에서 출생하여 서울 이화학당(이화학당 제1회)을 졸업하고 일본 광도사범 심상과(요코하마 성경여학교 고등과의 오류 – 필자)를 마친 다음 당시의 평양 진명여학교 교장과 근우회 회장으로 취임하여 한국 여성으로서 최초의 교장이 되었던 것이다. 원래 조국과 여성해방을 위하여 끝없는 정력을 기울여 오던 여사는 기미년의 민족운동에 투신하여 3년간이나 영어생활을 했고 8·15의 민족해방을 맞아 74세의 노구를 이끌고 서울로 남하하여 한국여성운동을 위한 헌신적인 지도를 계속하여 왔으며 대한부인회 부총재 조민당(조선민주당) 고문 자리를 가지고 있었다. 동 여사의 장의는 오는 10일경 전기 양로원에서 거행될 예정이라 한다.

최은희의 기억에 따르면 영결식은 대한부인회 간부들이 책임지고 박순천이 상주가 되어 치러졌다고 한다. 장지는 부산 신망애 양로원 뒷산으로 마련되었고 '애국자 조신성 할머니' 라고 새겨 비문을 세웠다.

1991년 5월 조신성의 유해는 대전 국립현충원에 안장되었다.

삶과 죽음, 희망과 절망, 치욕과 자존 등이 교차하던 일제 강점기. 여성들은 갈 길을 잃고 방황했다. 인간으로서의 존엄은 바닥에 떨어졌으며 자살로 모든 혼돈에 종지부를 찍은 여성도 있었다. 그러나 어떤 여성은 실제적이고 구체적인 작은 혁명을 성공시키면서 자신의 권위를 되찾고 자존감을 스스로 확보했다.

1898년, 서울 장안에서는 새로운 바람이 불고 있었다. 최초의 여성운동단체인 '찬양회'에서 "어찌해 신체 수족 이목이 남자와 다름없는 한가지 사람으로 심규에 처하야 다만 밥과 술이나 지으리오"라는 여권선언이 발표되었다. 한편 지방에서는 새로운 문물이 기독교회를 통해 전해지고 있었다.

이러한 때, 배 한 척이 안동 현에서 인천 제물포항을 향하고 있었다. 한 여성이 이 배에 타고 있었다. 그로부터 30여 년이 지난 후 이 여성은 평양뿐 아니라 전국의 여성지도자가 되었다. 그의 이름은 조신성. 일제강점기 대표적 민족주의자 조만식은 자신이 보기에 조신성은 학식도 높지 않고 굉장한 업적이 있는 사람도 아니라고 했다. 그런데 왜 자신을 비롯한 많은 평양의 저명인사, 서양선교사, 일반인들이 그의 회갑축하연에 참석해 축하해주고 숭배하면서 우러러보고 경하하는가 라는 질문을 던졌다. 정답은 그의 '신념'과 '열정'이라고 말했다.

조신성은 평생을 여성 민족교육사업에 매진했다. 평안북도 의주 비현역 근처에서 태어난 조신성은 9세 이후 고아나 다름없이 성장했다. 고모와 함께 살다가 16세 때 혼인을 한 후 22세에 과부가 되었다. 그 후 살길을 찾아 교회를 다니다 상경해 이화학당에서 수학했다. 졸업 후 그는 모교에서 사감으로 지내다 아무래도 공부가 부족함을 절감하고 일본 동경과 요코하마로 유학을 떠났다. 귀국 후에는 부산 규범여학교에서 교사로 재직하다 평양 진명여학교 교장으로 여성교육사업에 매달렸다. 그러다 1919년 3·1운동 직후 그는 의열항일운동단체인 맹산독립단의 총참모가 되었다. 당시 항일운동은 주로 남성에 의해 주도되었는데, 조신성은 여성으로서 독보적인 존재였다. 그는 남성을 이끌며 군자금 모집, 부일협력자 처단, 일제 식민기관 파괴 등에 앞장섰다.

육혈포, 탄환, 다이너마이트 등을 가슴에 품고 깊은 산속을 며칠씩 헤매는 일도 많았다. 어떤 때는 변장을 하기도 하고 깊은 산속에서 굶을 때도 있었고 생식으로 버티면서 독립단을 이끌었다. 그러다가 조직의 탄로로 일본경찰에 체포되어 3년간 옥고를 치른 후 다시 교육사업에 뛰어들었다.

1920년대 중반이 되자 사회주의 여성들과 민족주의 여성들은 민족의 독립과 여성의 권위를 높이려면 여성 단일운동단체 조직이 급선무라고 외쳤다. 그래서 1927년 근우회를 결성했다. 조신성은 1928년 근우회 평양지회 위원장으로 재직하다 1930년 여성 리더십을 인정받아 근우회 중앙집행위원장으로 선출되었으며 해방 후에는 월남해 대한부인회 부총재를 지냈다. 그러다 한국전쟁으로 부산으로 피난 간 후 신망애 양로원에서 세상을 떠났다. 그의 나이 80세였다. 지금은 대전국립현충원에 안장되어 있다.

1934년 《동아일보》 기자로 재직하던 오기영은 조신성을 '여걸'이라고 평했다. 그리고 조신성은 자신의 열성, 진심을 밖으로 표현하지 못하는 사람이며 공로를 선전하지 못하는 사람이라고 표현했다. 그래서 패거리 문화에 휩쓸리지 않을 정도로 원칙과 소신을 지킨 인물이라고 칭송했다.

오기영의 표현대로 조신성은 평생 신념을 가지고 자신의 삶을 열정적으로 살았다. 그의 신념은 불의를 보면 항거해야 하고, 민족이든 개인이든 자유를 얻으려면 정신적·경제적으로 독립해야 한다는 것이었다. 그리고 개인의 자유는 곧 민족의 독립으로 이어진다고 생각했다. 그래서 그는 대중 속으로 들어가서 구조적인 문제를 해결하기보다는 대중들에게 스스로 정신적·경제적으로 책임질 수 있는 사람이 될 것을 강조했다. 결국 이러한 원칙과 소신에 따른 신념과 열정이 당대의 많은 사람들이 고아로 자라나 과부가 된 그를 숭배하도록 했으며 높은 권위와 자존감을 가질 수 있게 해 주었다.

1874	10월. 평북 의주 비현면에서 무남독녀로 출생.
1880	9세. 모친 사망.
1889	고모 손에서 성장하다 16세에 결혼.
1895	과부가 됨.
1897	평북 의주읍교회에서 기독교를 받아들임. 평북 의주를 떠나 이화학당에 입학.
1902	이화학당 기숙사 사감으로 재직.
1905	을사늑약 반대를 위해 교사와 학생들을 인솔하여 대한문 앞에서 통곡, 매일 오후 3시에 구국기도회 개최.
1906	종로상품진열관 고문, 교회학교 주일학교 반장과 청년회 회장으로 활동. 조선부인회를 조직하여 이준과 함께 활동.
1907	국채보상운동 지원(학생들과 함께 모금운동에 참가).
1908~10	일본 동경 간다성경학교 입학, 요코하마 성경학교 고등과 입학, 신경쇠약으로 졸업 앞두고 귀국.
1910~11	부산 규범 여학교 교사로 재직.
1911~18	평양 진명여학교 교장으로 재직.
1918	독립운동 관련으로 북경에 다녀옴.
1920	맹산독립단 총참모로 활약, 일본경찰에 체포, 6개월형 선고받음.
1921	맹산독립단 발각으로 징역 2년 6개월형 선고받음.
1925	4월. 출옥 후 한천에서 사숙 운영.

1926~30 취명학교 인수, 경영.

1927 12월. 근우회 평양지회 설치를 위한 준비 모임을 주도, 창립대회 준비위원으로 선임.

1928 1월. 근우회 평양지회 창립·집행위원장·정치부원으로 선임.

1930 근우회 중앙집행위원장으로 선출.

12월. 여성실업장려회 조직.

1932 6월 25일. 조선고육원苦育院 설립.

1932 평양여자소비조합조직준비회 개최.

1934 평양 유지들에 의한 조신성 회갑연 개최, 동우회 후원 및 지지.

1945 11월. 월남.

1945~48 전국부녀총동맹 평안남도 중앙집행위원, 대한부인회 부총재 역임.

1953 5월 5일. 부산 신망애 양로원에서 80세를 일기로 운명.

1991 건국훈장 애국장 추서.

1991 5월. 대전 국립현충원에 이장, 안치.

자료

- 일기자, 〈현대 조선 여류인물소개, 조신성여사 약전〉, 《신가정》 16호, 1934. 4.
- 《동아일보》·《제국신문》·《매일신보》.
- 이화여자대학교 여성연구소, 《한국여성관계사료집》 근대편, 상권, 1979.
- 주요섭, 〈조선여자교육사〉, 《신가정》, 1934. 4.
- 관상자, 〈평양인물백태〉, 《개벽》, 51호, 1924. 9.
- 최영수, 〈지명여성인상기〉, 《여성》, 1938. 10.
- 오기영, 〈조신성론〉, 《신가정》 16호.
- 〈평양특집, 평양인의 평양관, 여성계 조신성씨담〉, 《동아일보》, 1936. 6. 3.
- 최근·한도신 저, 《꿈갓흔 옛날 피 압흔 니야기》, 돌베개, 1996.
- 일기자, 〈조신성여사약전〉, 《신가정》, 1934. 4.
- 《매일신보》, 1912. 2. 18, 1912. 3. 19.
- 김미리사, 〈春風秋雨五十年間에 多淚多恨한 나의 역사〉, 《별건곤》, 1928. 1.
- 최영위, 〈지명여성인상가〉, 《여성》, 1938. 8.
- 조선총독부, 《朝鮮出版警察月報》, 30호.

단행본

- 3·1여성 동지회, 《한국여성독립운동사: 3·1운동 60주년 기념》, 1980.
- 대한YWCA연합회, 《한국 YWCA 반백년》, 1976.
- 민경배, 《한국기독교사회운동사》, 대한기독교출판사, 1987.

- 민숙현 · 박해경, 《한가람 봄바람에》, 지인사, 1981.
- 박용옥, 《한국근대여성운동사연구》, 정신문화연구원, 1984.
- 박찬일, 《심은대로: 청해 박현숙 선생의 걸어온 길》, 숭의여자중고등학교, 1968.
- 박화성, 《새벽에 외치다》, 휘문출판사, 1965.
- 오기영, 《사슬이 풀린 뒤》, 성균관대학교출판부, 2002.
- 이기형, 《여운형평전》, 실천문학사, 2004.
- 이우정, 《한국기독교여성 100년의 발자취》, 민중사, 1985.
- 이화90년사 편찬위원회, 《이화90년사》, 1975.
- 주요한, 《안도산전서》, 샘터사, 1979.
- 중앙여자중고등학교동창회, 《우리 선생 황신덕》, 중앙여자고등학교, 1971.
- 최원규, 《일제 말기 파시즘과 한국사회》, 청아출판사, 1988.
- 최은희, 《조국을 찾기까지: 한국여성활동비사》 상 · 중 · 하, 탐구당, 1973.
- 한국기독교역사연구소, 《한국기독교와 역사》 Ⅰ · Ⅱ, 기독교문사, 1995.
- 한규무, 《일제하 한국 기독교 농촌운동》, 한국기독교.
- 《한국여성독립운동》, 독립운동사연구소, 1989.
- 《항일여성운동사연구》, 지식산업사, 2001.

논문

- 김권정, 〈일제하 사회주의자들의 반기독교운동에 관한 연구〉, 《숭실사학》 10, 1997.
- 김세지, 〈나의 과거생활〉, 《승리의 생활》, 조선기독교창문사, 1927.
- 남화숙, 〈1920년대 여성운동에서의 협동전선론과 근우회〉, 《한국사론》 25, 서울대 국사학과, 1991.
- 박용옥, 〈3 · 1운동 이전의 여성운동〉, 《3 · 1운동 오십주년 기념논집》, 동아

일보사, 1969.
- 박용옥, 〈국채보상운동의 발단배경과 여성참여〉, 《한국민족운동사연구》, 한국민족운동사연구회, 1993.
- 박용옥, 〈근우회의 여성운동과 민족운동〉, 《한국근대민족운동사연구》, 일조각, 1987.
- 박용옥, 〈1920년대초 항일부녀단체 지도층 형성과 사상〉, 《역사학보》 69, 1976.
- 박용옥, 〈조신성의 민족운동과 의열활동〉, 《한국근대사논총》, 1995.
- 송연옥, 〈1920년대 조선여성운동과 그 사상: 근우회를 중심으로〉, 《1930년대 민족해방운동》, 거름, 1983.
- 신영숙, 〈근우회에 관한 일연구〉, 이화여대석사논문, 1978.
- 신영숙, 〈일제시기 여성운동가의 삶과 그 특성 연구: 조신성과 허정숙을 중심으로〉, 《歷史學報》 150, 1978.
- 윤정란, 〈일제의 황국신민화정책에 대한 한국 기독교 여성들의 대응논리〉, 《한국민족운동사연구》.
- 윤정란, 〈일제하 한국 여성의 존재형태: 1930년대 기독교 여성들의 활동을 중심으로〉, 《국사관논총》 94집, 2000.
- 윤정란, 〈1910년대 기독교 여성들의 활동〉, 《한국민족운동사연구》, 한국민족운동사학회, 2001. 4.
- 윤정란, 〈1920년대 초기 기독교 여성들의 여성문제 인식 전환과 전국 기독교 여성단체의 출현〉, 《한국민족운동사연구》, 한국민족운동사연구회, 1998.
- 이준식, 〈일제침략기 기독교 지식인의 대외인식과 반기독교운동〉, 《역사비평》, 역사비평사, 1993.
- 장창진, 〈일제하 민족문제논쟁과 반종교운동: 1920년대 사회주의자들의 반기독교운동을 중심으로〉, 서울대 종교학과 석사학위논문, 1994.

- 조형 외, 〈한국여성사정립을 위한 인물 유형 연구Ⅱ: 개항에서 3·1운동까지〉, 《여성학논집》 8집, 이화여자대학교 한국여성연구소, 1991.
- 천화숙, 〈일제하 조선여자기독교청년회연합회연구〉, 국민대학교 박사학위논문, 1996.

ㄱ

ㄴ

ㄷ

ㄹ

ㅁ

ㅂ

ㅅ

ㅇ

ㅈ

ㅊ

서북을 호령한 여성독립운동가 조신성

1판 1쇄 인쇄 2009년 12월 24일
1판 2쇄 발행 2020년 8월 15일

글쓴이 윤정란
기 획 독립기념관 한국독립운동사연구소
펴낸이 주혜숙
펴낸곳 역사공간
주소: 04000 서울특별시 마포구 동교로19길 52-7 PS빌딩 4층
전화: 02-725-8806
팩스: 02-725-8801
E-mail: jhs8807@hanmail.net
등록: 2003년 7월 22일 제6-510호

ISBN 978-89-90848-48-2 03900

역사공간이 펴내는 '한국의 독립운동가들'

독립기념관은 독립운동사 대중화를 위해 향후 10년간 100명의 독립운동가를 선정하여,
그들의 삶과 자취를 조명하는 열전을 기획하고 있다.

001 근대화의 선각자 – 최광옥의 삶과 위대한 유산
002 대한제국군에서 한국광복군까지 – 황학수의 독립운동
003 대륙에 남긴 꿈 – 김원봉의 항일역정과 삶
004 중도의 길을 걸은 신민족주의자 – 안재홍의 생각과 삶
005 서간도 독립군의 개척자 – 이상룡의 독립정신
006 고종 황제의 마지막 특사 – 이준의 구국운동
007 민중과 함께 한 조선의 간디 – 조만식의 민족운동
008 봉오동·청산리 전투의 영웅 – 홍범도의 독립전쟁
009 유림 의병의 선도자 – 유인석
010 시베리아 한인민족운동의 대부 – 최재형
011 기독교 민족운동의 영원한 지도자 – 이승훈
012 자유를 위해 투쟁한 아나키스트 – 이회영
013 간도 민족독립운동의 지도자 – 김약연
014 대한민국 임시정부의 민족혁명가 – 윤기섭
015 서북을 호령한 여성독립운동가 – 조신성
016 독립운동 자금의 젖줄 – 안희제
017 3·1운동의 얼 – 유관순
018 대한민국임시정부의 안살림꾼 – 정정화
019 노구를 민족제단에 바친 의열투쟁가 – 강우규
020 미 대륙의 항일무장투쟁론자 – 박용만
021 영원한 대한민국임시정부의 요인 – 김철
022 혁신유림계의 독립운동을 주도한 선각자 – 김창숙
023 시대를 앞서간 민족혁명의 선각자 – 신규식
024 대한민국을 세운 독립운동가 – 이승만
025 한국광복군 총사령 – 지청천
026 독립협회를 창설한 개화·개혁의 선구자 – 서재필
027 만주 항일무장투쟁의 신화 – 김좌진
028 일왕을 겨눈 독립투사 – 이봉창
029 만주지역 통합운동의 주역 – 김동삼
030 소년운동을 민족운동으로 승화시킨 – 방정환
031 의열투쟁의 선구자 – 전명운
032 대종교와 대한민국임시정부 – 조완구
033 재미한인 독립운동의 표상 – 김호
034 천도교에서 민족지도자의 길을 간 – 손병희
035 계몽운동에서 무장투쟁까지의 선도자 – 양기탁
036 무궁화 사랑으로 삼천리를 수놓은 – 남궁억
037 대한 선비의 표상 – 최익현
038 희고 흰 저 천 길 물 속에 – 김도현
039 불멸의 민족혼 되살려 낸 역사가 – 박은식
040 독립과 민족해방의 철학사상가 – 김중건
041 실천적인 민족주의 역사가 – 장도빈
042 잊혀진 미주 한인사회의 대들보 – 이대위
043 독립군을 기르고 광복군을 조직한 군사전문가 – 조성환
044 우리말·우리역사 보급의 거목 – 이윤재
045 의열단·민족혁명당·조선의용대의 영혼 – 윤세주
046 한국의 독립운동을 도운 영국 언론인 – 배설
047 자유의 불꽃을 목숨으로 피운 – 윤봉길
048 한국 항일여성운동계의 대모 – 김마리아
049 극일에서 분단을 넘은 박애주의자 – 박열
050 영원한 자유인을 추구한 민족해방운동가 – 신채호

051 독립전쟁론의 선구자 광복회 총사령 – 박상진
052 민족의 독립과 통합에 바친 삶 – 김규식
053 '조선심'을 주창한 민족사학자 – 문일평
054 겨레의 시민사회운동가 – 이상재
055 한글에 빛을 밝힌 어문민족주의자 – 주시경
056 대한제국의 마지막 숨결 – 민영환
057 좌우의 벽을 뛰어넘은 독립운동가 – 신익희
058 임시정부와 흥사단을 이끈 독립운동계의 재상 – 차리석
059 대한민국임시정부의 초대 국무총리 – 이동휘
060 청렴결백한 대한민국 임시정부의 지킴이 – 이시영
061 자유독립을 위한 밀알 – 신석구
062 전인적인 독립운동가 – 한용운
063 만주 지역 민족통합을 이끈 지도자 – 정이형
064 민족과 국가를 위해 살다 간 지도자 – 김구
065 대한민국임시정부의 이론가 – 조소앙
066 타이완 항일 의열투쟁의 선봉 – 조명하
067 대륙에 용맹을 떨친 명장 – 김홍일
068 의열투쟁에 헌신한 독립운동가 – 나창헌
069 한국인보다 한국을 더 사랑한 미국인 – 헐버트
070 3·1운동과 임시정부 수립의 숨은 주역 – 현순
071 대한독립을 위해 하늘을 날았던 한국 최초의 여류비행사 – 권기옥
072 대한민국임시정부의 정신적 지주 – 이동녕
073 독립의군부의 지도자 – 임병찬
074 만주 무장투쟁의 맹장 – 김승학
075 독립전쟁에 일생을 바친 군인 – 김학규
076 시대를 뛰어넘은 평민 의병장 – 신돌석
077 남만주 최후의 독립군 사령관 – 양세봉
078 신대한 건설의 비전, 무실역행의 독립운동가 – 송종익
079 한국 독립운동의 혁명 영수 – 안창호
080 광야에 선 민족시인 – 이육사
081 살신성인의 길을 간 의열투쟁가 – 김지섭
082 새로운 하나된 한국을 꿈꾼 – 유일한
083 투탄과 자결, 의열투쟁의 화신 – 나석주
084 의열투쟁의 이론을 정립하고 실천한 – 류자명
085 신학문과 독립운동의 선구자 – 이상설
086 민중에게 다가간 독립운동가 – 이종일
087 의병전쟁의 선봉장 – 이강년
088 독립과 통일 의지로 일관한 신뢰의 지도자 – 여운형
089 항일변호사의 선봉 – 김병로
090 세대·이념·종교를 아우른 민중의 지도자 – 권동진
091 경술국치에 항거한 순국지사 – 황현
092 통일국가 수립을 위해 분투한 독립운동가 – 김순애
093 불법으로 나라를 구하고자 한 불교인 – 김법린
094 독립공군 육성에 헌신한 대한민국임시정부 군무 총장 – 노백린
095 불교계 독립운동의 지도자 – 백용성
096 재미한인 독립운동을 이끈 항일 언론인 – 백일규
097 재중국 한국인 아나키스트운동의 실천적 지도자 – 류기석
098 대한민국임시정부의 후원자 – 장제스
099 우리 말글을 목숨처럼 지킨 – 최현배